SOR JUANA INÉS DE LA CRUZ

SOR JUANA INÉS DE LA CRUZ

GLORIA DE LAS LETRAS

por Marcela Altamirano

Grupo Editorial Tomo, S.A. de C.V.
Nicolás San Juan 1043
03100 México, D.F.

1a. edición, abril 2004.
2a. edición, julio 2006.

©   Grupo Editorial Tomo, S.A. de C.V.
      Sor Juana Inés de la Cruz

©   2006, Grupo Editorial Tomo, S.A. de C.V.
      Nicolás San Juan 1043, Col. Del Valle
      03100 México, D.F.
      Tels. 5575-6615, 5575-8701 y 5575-0186
      Fax. 5575-6695
      http://www.grupotomo.com.mx
      ISBN: 970-666-931-0
      Miembro de la Cámara Nacional
      de la Industria Editorial No 2961

Proyecto: Marcela Altamirano
Diseño de Portada: Trilce Romero
Formación Tipográfica: Servicios Editoriales Aguirre, S.C.
Supervisor de producción: Leonardo Figueroa

Impreso en México - *Printed in Mexico*

Contenido

Prólogo

No ha sido nada fácil reconstruir el perfil biográfico de la mujer más importante de las letras hispanas del siglo XVII porque en realidad existen escasos documentos que atestiguan su vida cotidiana. Han sido de fundamental ayuda las notas de su autobiografía, así como su propia obra donde ella pinta su mundo exterior, y en la que se refleja, además, el tesoro interior de la monja; pero esto nos es insuficiente ál pretender saber más, seguirla paso a paso y despejar los interrogantes que se nos presentan en las diferentes etapas de su vida.

Para hacer el recuento de la vida de Sor Juana Inés de la Cruz nos apoyamos en las coincidencias de sus biógrafos del pasado y del presente, que a su vez han agotado los testimonios del padre Diego de Calleja, el primer biógrafo y contemporáneo de la musa. Recurrimos, además, al trabajo de los historiadores para construirle un marco a su época; y como en las últimas décadas del siglo XX, se estuvo revisando la vida de Sor Juana por la aparición de importantes documentos que se le atribuyen y que han sido básicos para dar un poco de más luz sobre su personalidad y su vida, los tomamos también en cuenta para enriquecer estas páginas.

De1680 hasta el 1688 Sor Juana vivió una época de gran

producción literaria en la que abundan sus admirables sonetos, endechas, glosas, quintillas, décimas, redondillas, ovillejos amorosos, religiosos, filosóficos y satíricos, numerosos romances y otras composiciones. Obras de todo género y tipo, cortesanas y religiosas, se fueron acumulando en su producción. En 1951, Alfonso Méndez Plancarte la ordenó en cuatro tomos, obra que hoy sigue siendo la versión más completa y autorizada de la que se dispone en España; en 1995, la Universidad Nacional Autónoma de México publicó los facsímiles de sus primeras ediciones.

Una polémica sobre los últimos años de su vida dividió

El Popocatépetl y el Iztaccíhuatl: mudos testigos de la historia.

a los sorjuanistas porque unos postulaban la tesis de su conversión y otros atribuían su silencio final a una persecución. El historiador mexicano Elías Trabulse publicó en 1996 un documento satírico, muy probablemente autógrafo de sor Juana, *La Carta de Serafina de Cristo*, escrita en 1691, un mes antes de la *Respuesta a Sor Filotea de la Cruz*, en donde la monja revela que el verdadero personaje impugnado en su *Atenagórica* es el padre Núñez, su confesor.

Pero que tal si comenzamos por el principio: ¿Cómo era Juana de Nepantla? ¿Y la ilustre joven de la corte virreinal? ¿Por qué a los dieciséis años decidió retirarse a un convento? ¿Cómo fue su vida en el claustro? ¿Por qué fue tan celebrada en su época? Te invito, amable lector, a que juntos recorramos los 42 años de la mujer que más brillo habría de darle a las letras de México. El siglo XVII se cierra con broche de oro, con la presencia de la insigne poetisa y prosista.

Marcela Altamirano

1

La niña Juan Inés

Un lugar entre volcanes

L a historia de Juana de Asbaje y Ramírez comienza en el Valle de México, entre el Popocatépetl y el Iztaccíhuatl, a un lado de las imponentes montañas del Ajusco; entre bosques de cedros, pinos, oyameles y bugambilias; extensos campos sembrados de trigo, maíz y cebada; donde el azul del cielo mexicano es siempre azul y no hace ni calor ni frío. Un lugar fértil para el cultivo de la tierra y fértil, también, para cultivar inteligencias. A través de los años, por ahí han pasado algunos actores de nuestra Historia: "En una carta de relación —la tercera— que envió Hernán Cortés al emperador Carlos V en los comienzos del siglo XVI, refiere que, en marzo de 1520, mandó a Gonzalo de Sandoval con un numeroso grupo de aliados indios a combatir a los tlahuicas, a una región del sur de las altas y azules montañas del Ajusco; y fue entonces cuando Sandoval subió con grave riesgo de su vida —según cuenta el conquistador— a la plaza fuerte de Yecapixtla, que él llama 'Acapichtla', "camino hacia el sur", alta sobre un peñón, al Oeste del encumbrado volcán del Popocatépetl y con un torrente abajo, que, abrazado a otros, forma luego, en las quebradas del Suroeste, el río de Cuautla.

"Bernal Díaz del Castillo relata en *Historia Verdadera de la Conquista de la Nueva España* que, en la sangrienta toma del pueblo que moraba en el peñón de Yecapixtla, los que más daños hicieron "fueron los indios de Chalco y los demás amigos de Tlaxcala", a los que reñían los españoles "porque eran tan crueles, y por quitarles algunos indios o indias porque no las matasen"; que los españoles entonces "en lo que más se empleaban era en buscar alguna buena india o haber algún despojo" por lo que, cuando acabaron de hacer la toma de Yecapixtla o como la llama Bernal Díaz del Castillo, 'Acapistla', dice el propio historiador que "se volvió de Sandoval con todo su ejército a Tezcuco, y con buen despojo; en especial de muy buenas piezas de indias".

"Fue acordado que se llevaran a herrar —refiere Díaz del Castillo—, a una casa determinada; todos los más soldados llevamos las piezas que habíamos habido, para echar hierro de su Majestad, que era una G, que quiere decir Guerra"; "que las buenas piezas se habían de vender en el almoneda por lo que valiesen, y las que no fuesen tales, por menos precio". El mismo soldado historiador agrega, empero, refiriéndose a sus jefes, que "en la noche antes, nos desaparecían las mejores indias", sin duda los mismos jefes, hurtándoselas.

"En el siglo XVII, las mismas comarcas que vieron aquellos tremendos combates de los conquistadores, las matanzas de los indios y cómo marcaron con hierro candente la carne de las indias, dilataban sus verdes penachos de largas y pacíficas hojas, ricos plantíos de caña de azúcar; mientras que en otra Yecapixtla, un poco más abajo, en una fértil cañada, vivía una familia criolla. Eran la de los padres de doña Isabel Ramírez de Santillana, en cuya risueña casa no se oían ya estampidos de balas, ni silbidos de flechas, ni gemidos de moribundos y heridos, sino versos de poetas españoles.

"Un siglo después, en el XVIII, montaña arriba, al norte de los dos pueblos de Yecapixtla, y siempre al poniente del altísimo volcán del Popocatépetl, en otro poblado perdido, en Ozumba, no había ya escenas de matanzas y de captura de infelices esclavos, ni frecuentes y gozosos recuerdos de poesías; en la casa del párroco se leían libros de ciencias que hablaban de cometas y de eclipses, de estrellas, de piedras, de animales y de plantas; decía todo el mundo que se trataba de un sabio: don José Antonio Alzate y Ramírez; sobrino bisnieto de doña Isabel Ramírez de Santillana, madre de Sor Juana Inés de la Cruz y por tanto su sobrino nieto.

Juana de Nepantla

> *...nací*
> *donde los rayos solares*
> *me mirasen de hito en hito,*
> *no bizcos como en otras partes.*

> Sor Juana

El nombre real de Sor Juana fue Juana Inés de Asbaje y Ramírez. Era hija ilegítima y nació en San Miguel Nepantla, hoy estado de México. Su madre, Isabel Ramírez de Santillana, tuvo seis hijos naturales con dos hombres: don Pedro Manuel de Asbaje y el capitán don Diego Ruiz Lozano. Tanto el testamento como el acta de defunción de doña Isabel revelan el estado natural de madre e hija. Sin embargo, existe una aparente contradicción entre esos dos documentos y la afirmación de Juana Inés al profesar y testar, ya que ella dice ser hija legítima.

13

Gracias a la investigación y sobre todo a los documentos rescatados por uno de los descendientes de la familia de Sor Juana, Guillermo Ramírez España, se ha podido reconstruir su árbol genealógico desde sus bisabuelos, don Diego Ramírez Santillana y doña Inés de Briones, originarios ellos de San Lúcar de Barrameda, hasta las ramas vivas de la familia.

Pedro Ramírez de Santillana, el abuelo de Sor Juana, "casó con doña Beatriz Ramírez Rendón, y a principios del siglo XVII estaba avecinado, con su mujer, en jurisdicción del pueblo de Huichapan, perteneciente al Marquesado del Valle, donde nació su hija María". El matrimonio tuvo una larga descendencia: once hijos entre quienes figura la madre de Sor Juana, Isabel Ramírez de Santillana.

Años después (1635) toda la familia emigraría a San Miguel Nepantla, a una hacienda de labor llamada La Celda, cercana al pueblo de Chimalhuacán (Estado de México) y que don Pedro Ramírez de Santillana arrendaría a los dominicos. Éste sería el lugar elegido por el destino para el nacimiento de Juana Inés, y la parroquia de Chimalhuacán-Chalco —al otro lado de las montañas septentrionales—, el santuario donde sería bautizada la mujer que "más lustre habría de darle a la familia y más brillo a las letras de México". Sobre los libros del abuelo, al parecer hombre no escaso de cultura ni de recursos (su testamento revela que era propietario de tierras, hombre de empresa, culto y con cierta solvencia económica), levantará Sor Juana su primer vuelo intelectual.

La nieta heredó de don Pedro su incansable ahínco para el trabajo y sus múltiples capacidades. Él tenía en su pequeña biblioteca libros que no eran estrictamente religiosos, mismos que la pequeña Juana leyó cuando se aburrió de los que le proporcionaban en la escuela, pasando horas

El lugar elegido por el destino para el nacimiento de Juana Inés de Asbaje y Ramírez.

de deleite encerrada en aquella pieza. La puerta de los conocimientos divinos y humanos se entreabrió para aquella niña sedienta de saber. Es posible que don Pedro haya sentido especial predilección por aquella nieta de extravagantes inquietudes que prefería sus viejos libros a jugar con los demás niños de su edad en la plaza del pueblo; sin duda habría alguna afinidad entre ellos por más que Sor Juana, reservada en sus afectos, no nos haya dejado ningún testimonio del cariño por el que hizo para ella las veces de padre. Él murió cuando Sor Juana tenía cinco años (1656).

De su padre biológico se tienen escasos datos. ¿Cómo y cuándo llegó por aquellos parajes mexicanos hasta la casa de los padres (españoles ambos) de doña Isabel Ramírez de Santillana, un capitán vizcaíno de nombre Pedro Manuel de Asbaje y Vargas Machuca? Este vasco nacido en la pequeña villa de Vergara, a las márgenes del alegre riachuelo

15

En la Parroquia de Chimalhuacán-Chalco, al otro lado de las montañas septentrionales, recibió Juana Inés las aguas baustismales.

de Deva, debió ser un hombre recio como todos los de su raza. Algo del carácter de Juana Inés, su energía, fuerza de voluntad, obstinación e incansable dedicación, debió heredarlos de su progenitor, aquel Pedro Manuel ignorado por la historia.

Al vasco debió gustarle mucho el paisaje y el clima 'confinante a los excesos de calores y fríos', de San Miguel Nepantla. Y acaso lo idílico del lugar contribuyó al rápido desenlace de sus amores con la criolla Isabel Ramírez de Santillana. Se sabe solamente que el vasco y doña Isabel tuvieron tres hijas, que la menor de ellas, Juana, vino al mundo el 12 de noviembre de 1651, en un aposento llamado entonces por el pueblo *La Celda*, en la alquería de San Miguel de Nepantla: un lugar que es como el vértice de un abiertísimo ángulo que tiene hacia abajo, al Sur, la cañada de Yecapixtla, y arriba, al Noroeste, el pueblo de Ozumba. La figura de su padre tampoco aparece en los escritos de Sor Juana, sin embargo, cuando ella se hizo religiosa en el año de 1669, parece que él aún vivía.

De su madre, doña Isabel Ramírez de Santillana, se sabe que nació en una pequeña aldea situada no muy lejos de Cuautla llamada Yecapixtla (*yecatl* significa 'nariz' y *pitzli*, 'cuero' o 'hueso'; los indígenas del lugar usaban en la nariz unos adornos de esos materiales). Yecapixtla es un lugar típicamente indígena, una célula viva del mestizaje mexicano. Así, pues, Sor Juana heredó la sangre indígena por la vía materna y utilizó con orgullo el apellido de su madre, no obstante, apenas si se refleja la figura de esta madre en su obra, debido, quizá, a su ausencia durante la infancia. Isabel Ramírez se dedicó a criar a sus seis hijos y quién sabe cuáles serían las circunstancias que impidieron la plena identificación entre madre e hija. "No hubo, pues, compenetración espiritual entre ambas" —comentan los historiadores. Y parece ser que esa temprana separación moral y física del regazo materno explica el afecto que prodigará después la joven a sus 'carísimas' amigas las virreinas, quienes le protegerán con maternal cariño. La marquesa de Mancera y la condesa de Paredes suplirán, de alguna manera, la devoción filial que no pudo prodigar a la madre. Sor Juana menciona en sus escritos a su madre dos veces; una, a su hermana mayor, y dedica un soneto a su hermano menor.

"La orfandad espiritual de Juana Inés moldeará en gran parte su carácter y determinará en mucho sus sentimientos de soledad y desconfianza" —afirma un biógrafo de la Musa; mientras que otro aclara que "al parecer desamorado olvido filial de Sor Juana, su entrañable pasión en el atenuar la culpa del que peca, y en el amonestar el fácil precipicio de una doncella hermosa y desvalida en el mundo; ya que también, por ventura, enriqueciendo la compleja raíz social y psicológica de la total negación que tenía al matrimonio".

No obstante los avatares de su vida, Isabel Ramírez supo mantener unida a su familia. Los documentos recopilados por el descendiente de la familia de Sor Juana —Guillermo Ramírez España— prueban que entre todos los hermanos existió "un afectuoso vaho de solidaridad familiar". La misma Sor Juana rindió culto a su madre al haber elegido su apellido durante los primeros años de su vida religiosa, pues como Juana Ramírez solicitó su ingreso al Convento de San Jerónimo; además, en la Orden se daba preferencia a las hijas de españoles americanos.

Juana Ramírez o Juana de Asbaje siempre estuvo orgullosa de ser criolla de ascendencia indígena, con cabal conciencia de que el vínculo más directo con su tierra natal le llegaba por vía materna. Se sabía "rústico aborto de unos estériles campos" —como se llamó ella misma.

Una mirada a su época

Apegándonos a la descripción de uno de los biógrafos de Sor Juana, Nepantla, que en lengua náhuatl quiere decir 'en medio, entre el frío y el calor', es un pequeño pueblo ubicado en medio de la sierra; entre la zona templada y la tropical; en medio del calor y el frío, a la mitad de los volcanes y de la llanura. Es un lugar muy bello que pertenece al Estado de México. En el sitio donde se hallaba *La Celda* hay "un río que corre barranca abajo, precisamente a muy poca distancia del frente de la casa (de Asbaje). Desde ésta podía oír la pequeña Juana su sonido cristalino que puso temprana música en sus oídos afinándolas para la armonía: es un río inspirador. En el corte profundo de la montaña, las piedras de su cause, enormes y grises, modeladas por siglos de erosión, remedan animales antidiluvianos. Se cruza por un puente rústico (que atraviesa el ferrocarril), debajo del cual se precipitan veloces y rumorosas las aguas camino de Yautepec". Dice la historia, además, que "la hacienda de Nepantla no era muy rica, pues rentaba 60 pesos al año y el ganado que tenía era de cincuenta bueyes mansos de arada; veinte vacas y becerros; treinta yeguas de trilla, veinte mulas y muchos apareados de reata y cincuenta abejas de vientre". En sus campos se daban "sesenta fanegas de trigo".

En general, el mundo físico donde nació Sor Juana no ha cambiado mayormente desde entonces. Al Sur de la República mexicana existen aún las grandes extensiones de junglas o selvas impenetrables; al Norte están las altas montañas, cuyos picos cubiertos de nieve parecen penetrar en el cielo, y todavía más al Norte, se abren los áridos desiertos salpicados de *cactus*. La única variación consiste en las fronteras que entonces se extendían más allá del río Bravo, del río Grande, hasta la bahía de San Francisco California, y por el oriente del continente, atravesaban lo que ahora es el estado de Texas.

México en el siglo XVII era un inmenso y pintoresco territorio, de variados y hermosos paisajes, y muy rico en promesas. Era la joya americana más preciada por los españoles. La Colonia se había establecido ciento treinta años antes, y a pesar de prevalecer la población indígena sobre una minoría de raza blanca, los conquistadores habían impuesto su lengua y su religión. Por todas partes había asentamientos de indios muy parecidos a San Miguel de Nepantla, cuyos habitantes eran casi todos indios y vivían en jacales con techos de paja, paredes de adobe o de ramas de árboles, gozando derechos comunes de propiedad sobre los campos y las corrientes de agua.

La organización de la sociedad novohispana tomó criterios de vieja tradición de la península ibérica. El lugar preferente y señalado por el honor lo tenían los 'españoles' tanto los peninsulares como los nacidos en estas tierras, actuando todos bajo un régimen de libertad de movimiento y de contratación. De acuerdo con la legislación de la época, los indios debían considerarse iguales a los españoles en cuanto a su régimen personal: eran vasallos libres del rey y podían contraer matrimonio con gente de origen español; sin embargo, se les sujetaba "en especial protección" quitándoles libertad de movimiento, pues eran obligados a vivir en sus pueblos. Esta situación de vivienda fue la que determinó, a la larga, la categoría de 'indio': tal era el que vivía sujeto en el pueblo donde también había gran cantidad de mestizos que vivían, tributaban, prestaban servicios y ejercían cargos como autoridades de República.

En los mapas de la ciudad de México del siglo XVII se

observa la demarcación señalada para la vida de las castas europeas. En 1692 se dispuso que los indios salieran del centro de la ciudad, y sólo habitaran en los barrios. Agotados los recursos de vida y puesta en tensión la resistencia de unos y otros, el pueblo solía amotinarse, como en ensayo de insurgencia, para reclamar derechos reales no definidos aún en el espíritu colectivo de la nación. La actitud de las clases ofendidas subía de punto ante la falta de mesura de las autoridades —civiles y religiosas— que disputaban en público, se entrometían en las funciones y aun se atropellaban por melindres de amor propio y de protocolo.

Las depredaciones de los piratas en el Golfo y en las Antillas, y las del bandidaje en los caminos abiertos al tránsito campesino, influían en el carácter hermético de las poblaciones primitivas. Ante la amenaza de los corsarios y de los bandidos, las playas aisladas y las aldeas humildes eran abandonadas y sus habitantes venían a engrosar el índice de las ciudades. Esto agravó así el problema urbano de la Nueva España, del cual habrían de derivarse, con el tiempo, no solo fenómenos económicos, sino también políticos.

La hacienda o gran propiedad autosuficiente fue la unidad productora desarrollada en el siglo XVII y que habría de caracterizar la vida económica de la Nueva España. Varios factores convergieron en el surgimiento de la hacienda. Ante todo, la gran propiedad territorial la cual fue afirmándose desde la segunda mitad del siglo XVI; luego, el cambio en el régimen de trabajo que acompañó a la decadencia de la encomienda, y el servicio personal, pues estos medios resultaron insuficientes para satisfacer las demandas de la población.

Por afán de riqueza, poder y prestigio personal, los 'señores de la tierra' y dueños de grandes extensiones fueron acaparando, en el centro y norte de la Nueva España, tierras que luego se organizarían en torno a las construcciones de grandes casas, con templos propios para los servicios religiosos de una población que se iba agrupando dentro de ellas. Si en la segunda mitad del siglo XVI dejaron de construirse los grandes monasterios que ahora nos admiran, también entonces surgen las obras propias de las haciendas y ciudades criollas, cuyo inventario y comprensión histórica podrán mostrar una imagen muy distinta del siglo XVII novohispano.

En cuanto al fenómeno de la 'transculturación', la Colonia no era entonces sino el reflejo de la vida y del pensamiento de España. Sin embargo, las normas de la corte —ceñidas a las doctrinas contrarreformitas de la época— no siempre encontraron un eco fiel en el medio novohispano. (El periodo de contrarreforma abarca de 1550 a1650, pero la evolución fue más lenta en la Nueva España debido al aislamiento, y no sólo tomó algunos años más sino que terminó hasta fines de siglo XVII). Por lo general tales doctrinas perdían en el viaje su sentido —por ser producto de una contienda de intereses políticos y religiosos, cuya solución competía especialmente, al medio occidental—, o bien, al llegar, modificaban sus propósitos originales frente a las condiciones específicas de la cultura y de la economía americanas. En su concepción social y artística y en el empleo de sus recursos materiales, la vida española no coexistía con la que se realizaba en México.

La población del virreinato aún no definía un estilo propio en cuanto a la expresión de sus gustos y preferencias, y sobre el empleo de sus doctrinas. Mientras que en España ya sobresalían algunos núcleos —el aristocrático y el popular— que lograban su expresión en la literatura (novelas de caballería y de pícaros), en México, comenzaban a deli-

22

La Colonia no era entonces sino el reflejo de la vida y del pensamiento de España.

near su carácter, sin alcanzar específica manifestación en las letras, los grupos que viajaban a la península —españoles, portugueses y judíos—, es decir, la familia criolla en gestación. No obstante, ni unos ni otros llegaron a representar el diez por ciento de la población al lado del mestizo que pugnaba por alcanzar el ejercicio de sus derechos y del indio que se debatía en la sombra. Y es que si España era parte viva de la cultura europea o unidad abstracta de la civilización occidental, sus colonias de América, apenas sí lograban tener presencia dentro de la humanidad.

Falta todavía señalar la transformación de las escuelas literarias al pasar de España a la Nueva España. La crítica se ha limitado a indicar las calcas y repeticiones realizadas por los escritores novohispanos, las cuales no tienen sino un valor relativo respecto de la génesis de la literatura propia de la Colonia. Desde su origen, la literatura de México muestra una actitud de rebeldías aisladas, que tanto denuncian las limitaciones que imponían las autoridades civiles y religiosas, que revela el espíritu hostil en que se incubaba. Nuestras letras, perfectas o imperfectas, mostraban cómo el hombre de entonces trataba de aprender la lección que le dictaba el Occidente. La literatura colonial del siglo XVII fue híbrida; se movía en el predio de los seminarios; no ejercía influencia espiritual; se aceptaba por capricho, por disciplina, no por seducción estética. Con más empeño que otros, los colegios de jesuitas cultivaron su ejercicio, pero, por supuesto eran terrenos sólo para varones.

En resumen, éste fue el ámbito socio-cultural en que se movió Sor Juana Inés de la Cruz, y tal vez por eso fue un fenómeno de su tiempo. Mientras suceden nuevas investigaciones en torno a ella, sirvan estos contornos difuminados del siglo XVII como marco para la reconstrucción biográfica de la ilustre poetisa mexicana.

Las primeras enseñanzas

"No había cumplido tres años de mí cuando enviando mi madre a una hermana mía, mayor que yo, a que se enseñara a leer en una de las que llaman 'Amigas' me llevó a mí tras ella... y viendo que le daban la lección, me encendí yo, de manera, en el deseo de saber leer, que engañando, a mi parecer, a la maestra, le dije que mi madre ordenaba me diese lección. Ella no lo creyó porque no era creíble, pero por complacer al donaire, me la dio. Proseguí yo en ir, y ella prosiguió en enseñarme; ya no de burlas; y supe leer en tan breve tiempo, que ya sabía, cuando lo supo mi madre... "

Sor Juana

Desde muy temprana edad, Juana Inés se reveló como niña prodigio aprendiendo a leer cuando tenía tres años, a pesar de que en aquella época no era habitual que las mujeres accedieran a la cultura. En ese tiempo se presume que el capitán de Asbaje todavía estaba con la familia y que ésta se había mudado a Amecameca a una modesta casa de un solo piso rodeada por un jardín: la hacienda de Panoayan, propiedad del abuelo de Sor Juana con "treinta bueyes mansos y cuatro arados aperados" —según consta en el testamento de don Pedro Ramírez de Santillana— y con tales recursos "todo el tiempo que la he poseído, no debo de los arrendamientos cosa alguna".

El camino que conducía desde la casa hasta la escuelita para niñas no era en realidad muy largo. Era más bien un sendero que serpenteaba entre altas hierbas, tan altas que ocultaban a la niña Juana Inés de los ojos de su madre, quien desde la puerta de la casa despedía a su hermana. Al salir del verde túnel había que seguir el camino que llevaba

Sor Juana pasó los años de su infancia en la hacienda de Panoayan, muy cerca del pueblo de Amecameca.

hasta el Sacromonte, el cual desembocaba en una callejuela fangosa que conducía a la plaza. Ahí los portales servían de zoco o mercado a los indígenas que llegaban desde las montañas con el huacal repleto de cazuelas y orejones al hombro, o con canastos llenos de frutas y verduras. Pero había de darse prisa para llegar a tiempo a 'La Amiga'. En la plaza, su hermana la vio y la estuvo riñendo un rato, mas acabó por dejarla ir con ella. La maestra, sorprendida de volver a ver a la chiquilla con su hermana mayor, pareció molestarse por su presencia, pero sonrió cuando la niña le dijo: "mi mamá me manda para que me dé lecciones".

Por supuesto que la maestra no le creyó, pero parece que el aplomo de aquella niña tan pequeña le hizo tanta gracia que le dio la lección. Fue tanto su interés y puso tanto empeño en aprender que al cabo de esa primera jornada, la maestra intervino en la conspiración de ocultar todo a la madre de Juana hasta que ésta supiese leer. Y aprendió en muy breve tiempo.

Unas cuantas semanas más tarde, la maestra visitó la casa del abuelo. La pequeña Juana sintió miedo al verla porque se imaginó los buenos azotes que le daría su madre por haber asistido a la escuela sin su permiso. Sin embargo, la maestra 'bien sabía cómo hacer las cosas' pues preguntó:

—¿Y esta niña sabe leer?

La madre, dando todo tipo de explicaciones, replicaba:

—¿Leer...? ¡Qué va...! ¿No ve que apenas tiene tres años! El año que viene la mandaremos a 'La Amiga' junto con su hermana mayor y entonces le llegará el turno de aprender.

—¿Señora, me permite mostrarle a la niña un librito que traigo conmigo para ver sí acaso conoce ya las letras? —inquirió cortésmente la maestra.

—Sí, sí, —contestó doña Isabel—, ¡pruebe usted, señora!"

Emocionada y feliz, la pequeña Juana empezó a leer en voz alta, y su madre, sorprendida, escuchaba con atención a su hija. "En vez de azotes recibí un fuerte abrazo". Cuarenta años después, la monja Sor Juana Inés de la Cruz, escribió con afecto: "Aun vive la que me enseñó: ¡Dios la guarde!"

Durante cinco años la niña Juana Inés fue a la escuela todos los días que hubo clases, y aprendió todo lo que podía aprender. La Amiga cerraba los días festivos y por aquella época eran numerosas las fiestas religiosas que comenzaban desde muy temprano por la mañana con el repiqueteo de las campanas y con la música de las bandas que se paseaban por las calles del pueblo. Los indios vestidos con sus trajes de colores vivos llegaban desde la campiña trayendo flores de todos colores en las manos y cargando en la espalda a sus hijos más pequeños. El centro de reunión era el atrio de la iglesia de Amecameca, y tan pronto ésta abría sus puertas, toda la gente entraba lentamente, en procesión, a depositar sus flores al pie del altar. La familia de Asbaje también iba a la Iglesia los domingos y días festivos. Juana Inés, al escuchar los rezos de los sacerdotes, se interesó por aprender el latín.

Cuentan los historiadores que una de las tantas veces que se suspendieron las clases en la escuela de "la Amiga", se debió a la visita de una misión religiosa. Toda una semana, desde la mañana hasta la noche, se estuvo orando, celebrando misas y efectuando procesiones muy solemnes. Encabezaba la misión un joven jesuita italiano, famoso por la elocuencia de sus sermones, de quien decían que mientras estudiaba para sacerdote en el Seminario Teológico de Niza, oyó hablar a un misionero procedente de México sobre las apariciones de la Virgen María a un humilde indio mexicano llamado Juan Diego. Refería aquel misionero que la Virgen le había dicho al indio que había venido a salvar a todos los indios y que él debía pedirle al cura principal que construyera una iglesia en honor de ella. El joven cura italiano quedó tan impresionado con el relato que decidió dedicar su vida a catequizar a los indios de las Colonias. Viajó a la Nueva España, aprendió el español y algunos dialectos indígenas, y se dedicó a enseñar la religión católica por todo el territorio, atrayendo a las multitudes. El cura predicaba en las iglesias, en las plazas y a veces hasta en plena calle, y parece que la niña Juana Inés lo escuchó y quedó impresionada por la oratoria del jesuita. La misión terminó su tarea con una gran procesión penitencial nocturna, encabezada por los frailes y los sacerdotes, quienes entonaban plegarias y cantos religiosos, seguidos por los conversos. Atrás de todos ellos venían los indios sin adoctrinar, azorados y deslumbrados por la solemnidad del acto.

La niña Juana Inés, su madre y sus hermanas no pudieron asistir a este gran espectáculo porque a las mujeres se les prohibía terminantemente participar en ellos, ni siquiera presenciarlos, pues según lo establecía la Iglesia "de tal noche, por la decencia de los sexos, no se permite que salgan las mujeres".

Fuera de algunas limitaciones que le imponía su condición de mujer, Sor Juana pasó los días felices y atareados de su infancia entre la hacienda Panoayan y el pueblito de Amecameca, asimilando, sin saberlo, la pintoresca vida del pueblo mexicano, la incomparable belleza del paisaje que lo rodeaba, sus intensas preocupaciones por la religión, el aprecio de su familia y la simpatía de sus maestros; y por encima de todo, creció con el deseo de aprender, de estudiar, de saber...

Cuentan que cierto día un indito, menudo y gracioso, a quien ella conocía, se le acercó tendiéndole la mano en la que sujetaba algo muy blanco:

— ¿Qué me ofreces, Diego? — le preguntó Juana Inés.
— Un pedacito de queso; — contestó el niño — debe gustarte, y como ayer tú me diste de tu dulce de ate...
— Gracias Dieguito, pero yo no puedo comerlo ahora. Me lo llevaré a la casa.

Cuarenta años más tarde Sor Juana escribiría respecto a esta anécdota:

"Acuérdome que en esos tiempos, siendo mi golosina la que es ordinaria en aquella edad, me abstenía de comer queso, porque oí decir que hacía rudos, y podía conmigo más

Sor Juana creció cobijada por el pintoresco paisaje de Ameca-meca.

el deseo de saber que el de comer, siendo éste tan poderoso en los niños."

Siempre antepuso a todo su deseo de aprender, y desde muy tierna edad pudo acumular esa sorprendente suma de conocimientos que le serían de tanta ayuda cuando empezara a mezclarse con la gente ilustre y culta de su época.

Sor Juana creció cobijada por el paisaje de Amecameca, que antes de la Conquista, fue metrópoli de una numerosa población indígena de filiación náhuatl. La villa colonial se había fundado en 1527 y era en ese tiempo un poblado de gran renombre porque la fama de fray Martín de Valencia y de su tumba milagrosa atraía a cientos de peregrinos de todos los rincones del país. El padre Valencia había llegado de España poco después de la Conquista al frente de un grupo de monjes que hicieron el camino a pie desde Veracruz hasta la ciudad de México. Cuando el fray Martín murió lo sepultaron en Amecameca, y las extraordinarias hazañas que en valor y piedad había realizado en vida, acrecentaron su fama después de su muerte. El escarpado sendero que conducía a su tumba de santo en la cima del Sacromonte llevaba constantemente a indios, monjes y monjas, hidalgos españoles y damas castellanas, que le rendían culto. Desde su capilla, en la cumbre, se podía contemplar un incomparable panorama: los dos picos majestuosos del Popocatépetl y del Iztaccíhuatl, cubiertos eternamente de nieve, carmesíes al alba y plateados a la luz de la luna, y a sus pies, arropándolos, la gama de verdes de la Naturaleza, dueña y señora de bosques, arbustos y hierbas. Más allá, se extendía el amplio y fértil valle cubierto de milpas bajo un intenso azul de cielo mexicano.

Quizá en la hacienda de Panoayan estén los mejores recuerdos de la niñez de Sor Juana. La hacienda aún se con-

Desde el Sacromonte, en la cumbre, se podía contemplar un incomparable panorama.

serva en pie. Su fachada es clásica del siglo XVII, con seis ventanales con herrería de hierro forjado, con un gran zaguán al centro, rematado en la parte superior por un pequeño mirador. A un costado de la entrada hay una capilla dedicada a San Miguel Arcángel, la cual luce desde la distancia su pequeño campanario y la cúpula superior.

En el interior de la hacienda hay un pequeño patio o jardín central cruzado con andadores. Circundan el jardín corredores con sus arcos y pilares. En la parte del fondo hay un zaguán trasero y sobre el pasillo de salida, una copia de uno de los retratos de la Musa.

Juana de Asbaje no cumplía aún ocho años (1559) cuando en la parroquia de Amecameca, ofrecieron por premio un libro a quien compusiera una loa para la fiesta del Santísimo Sacramento. Ella la compuso "con todas las cualidades que requiere un cabal poema". Y no lo hizo sólo porque le ofrecieran tal premio, sino porque le agradó concursar; "porque aunados a su travesura y a su afán de saber, estaba su espíritu bondadoso y justo, inclinado totalmente hacia el Bien y elevado a lo Más Alto: espíritu que ya poseía desde que apreció aquel cielo tan puro sobre los bosques y los montes que rodearon su cuna". Además, también, porque todo en sus labios se convertía en versos que resonaban en su ser como algarabía de pájaros; porque desde muy pequeña aprendió de memoria unos sonetos que le oyó recitar a alguien, y que a lo largo su vida, le salieron al encuentro: heraldos que luego se le aparecieron en los libros de su abuelo.

En medio de este paisaje comenzaría su gran pasión por la lectura; primero leería las Santas Escrituras y la vida de los santos pues no se permitía la entrada de libros profanos a las Colonias, pero, después, 'devoraría' los de su abuelo que eran en su mayoría libros de versos españoles. Aprendería también a escribir junto "con todas las demás habilidades de labores y costuras que aprenden las mujeres". Tenía gran inclinación por la música y a componer versos, tanta, que a veces, no se daba cuenta si escribía en prosa o en verso.

La hacienda de Panoayan aún se conserva en pie. Sor Juana vivió ahí 5 años de su infancia.

Esto es lo que ella refiere en su autobiografía:

"Teniendo como seis o siete años, y sabiendo ya leer y escribir, con todas las otras habilidades de labores y costuras que aprenden las mujeres, oí decir que había Universidad y escuela en que se estudiaban las ciencias en México; y apenas lo oí cuando empecé a matar a mi ma-

dre con insistentes ruegos sobre que, mudándome de traje, me enviase a México, en casa de unos deudos (parientes) que tenía, para estudiar y cursar la Universidad; ella
no lo quiso hacer, e hizo muy bien, pero yo despiqué el
deseo en leer muchos libros varios que tenía mi abuelo,
sin que bastasen ni represiones a estorbarlo; de manera
que cuando vine a México, se admiraban, no tanto del
ingenio, cuanto de la memoria y noticias que tenía en
edad que parecía que apenas había tenido tiempo para
aprender a hablar."

Su madre le había explicado que no recibían niñas en la
Universidad y para la pequeña Juana ése era un obstáculo
fácil de superar: bastaba con la vistiesen de varón. Se ima-
ginaba a sí misma fingiendo ser un jovencito, y como tal,
recorrer las calles de la gran ciudad, frecuentar las aulas
del teatro de la erudición y aprender todos los misterios de
un mundo que la fascinaba. La niña abrumaba a su madre
con ruegos y súplicas para que la dejase marchar; para que
la enviase a México a casa de unos parientes, que, de seguro, le guardarían el secreto.

A pesar de oponerse en un principio a los 'descabella-
dos' deseos de su hija, doña Isabel acabaría por consentir al
darse cuenta de "la naturaleza extraordinaria de Juana
Inés", y se las arregló para que pudiese hacer el viaje a la
ciudad de México, a fin de pasar una temporada en casa de
unos parientes (que "tenían mucho caudal"): una hermana
de Isabel casada con Juan de Mata. (Un hijo de este matrimonio, Salvador de Mata, fue nombrado años más tarde
apoderado por la hermana de Sor Juana, Josefa María, quien
le llama "primo").

Según algunos sus biógrafos parece que fue en esta época cuando la madre de Sor Juana se unió de nuevo a otro

hombre, el capitán Diego Ruiz Lozano, con el que tuvo otros tres hijos: Inés, Antonia y Diego, el único varón de los seis hermanos, a quien Juana debió querer mucho pues es el "divino Anfriso" de uno de sus poemas; y adjudican a estas circunstancias la venia de la madre para que Sor Juana se traslade a México.

Por cierto, el testamento de don Pedro Ramírez de Santillana también constituye otra prueba del estado civil de su hija Isabel, pues no la cita entre sus hijos casados, quedando incluida en el apartado que, al referirse a los solteros dice: "en cuanto a mis hijos, no les he dado cosa ninguna por estar debajo de mi dominio". Tal vez debido a esto Isabel Ramírez decide formar una nueva familia.

El viaje a la capital

Juana Inés de Asbaje y Ramírez era muy joven cuando viajó a la ciudad de México. Ya fuese por la muerte de su abuelo, o por la nueva unión de su madre, por la escasez de recursos en la familia o por sus inquietudes intelectuales, el hecho fue que la niña dejó la hacienda de Panoayan y, según aquel descendiente de la familia (Ramírez España), llegó a vivir con su tía, María Ramírez de Santillana, esposa de don Juan de Mata, residentes en la ciudad.

Ninguno de los historiadores ha podido determinar cuál, dónde y cómo era la casa de los Mata donde vivió sor Juana en México. Lo único que se sabe de esta familia es lo que Ramírez España escribe sobre Juan Mata: "el tío Juan había labrado esa casa de su bolsillo, gastando en ella más de seis mil pesos, con renta valuada en más de 250 mil pesos al año y sobre la cual fundó una capellanía de cuatro mil pesos". Tanto la renta como la capellanía se consideraron aseguradas, por ser la casa edificio nuevo.

En el siglo XVII, el siglo de Sor Juana, la capital de la Nueva España ya no era en nada la Gran Tenochtitlán de antes de la Conquista. Sobre el islote ubicado en el centro del lago de Texcoco prevalecía la ciudad reformada como capital de la Nueva España. Al centro se erguía la Plaza Mayor y había, además, otras dos grandes plazas: la llamada el Volador o de las Escuelas, y la plaza del Marqués, amén de otras menores. Seis calzadas o canales conducían a través del lago hasta la parte principal de la ciudad. Tres de ellas databan del tiempo de los aztecas, de los cuales una venía desde el Norte (la de Guadalupe), otra del Este y la tercera del Sur. Según un mapa de la ciudad del año 1650, no sólo atravesaban el lago estas seis calzadas, sino también muchos puentes que conectaban y unían pequeñas islas repletas de viviendas, o bien, donde había conventos y monasterios.

Entre los nuevos edificios resaltaba el de la recién fundada Universidad de México, establecida definitivamente

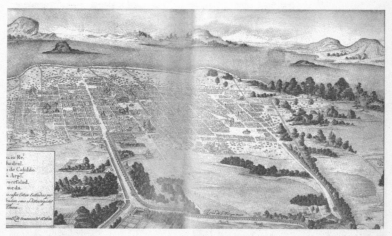

La ciudad de México ya no era en nada la Gran Tenochtitlán de antes de la Conquista.

en el año de 1553 —cuando Sor Juana tenía sólo dos años— y fue el centro cultural más importante de la época virreinal.

La Real y Pontificia Universidad de México tiene sus antecedentes en la labor educativa de los misioneros (agustinos, franciscanos, dominicos y jesuitas). A mediados del siglo XVI había ya un gran número de centros de enseñanza a lo largo y ancho del territorio mexicano, reclamando la inmediata institución de la Universidad. Estas escuelas eran de dos tipos: las de régimen misional, que aparecen al madurar los núcleos primitivos de enseñanza con una organización pedagógica definitiva, y los colegios que alcanzan a compartir ciertas disciplinas pertenecientes a la enseñanza superior y que giran en torno a la Universidad una vez establecida.

Sor Juana no pudo acudir a las aulas universitarias, vedadas en su época a las mujeres, pero continuaría sacian-

La Real y Pontificia Universidad de México, fundada en el año 1553.

do su ansia de saber con la 'diversidad de lecturas', primero, gracias a los libros del abuelo y después a los que le proporcionarían sus cultas amistades, la mayoría catedráticos de la Universidad.

"*Empecé a 'deprender' gramática (latina), —escribió más tarde— en que creo no llegaron a veinte las lecciones que tomé; y era tan intenso mi cuidado, que siendo así que en las mujeres —y más en tan florida juventud—, es tan apreciable el adorno natural del cabello, yo me cortaba de él cuatro o seis dedos, midiendo hasta donde llegaba antes, e imponiéndome ley de que, si cuando volviese a crecer hasta allí no sabía tal o cual cosa que me había propuesto desprender en tanto que crecía, me lo había de volver a cortar en pena de la rudeza. Sucedía así que él crecía y yo no sabía lo propuesto, porque el pelo crecía aprisa y yo aprendía despacio y con efecto le cortaba en pena de la rudeza: que no me parecía razón que estuviese vestida de cabellos, cabeza tan desnuda de noticias, que era más apetecible adorno*".

Una vez que Juana Inés aprendió latín, se abrió frente a ella un mundo nuevo. La censura sobre los libros profanos escritos en español había sido tan estricta que sus lecturas se habían limitado a libros de Historia Sagrada, de Vida de Santos, a Tratados de Teología y a himnos sagrados. Parece que fue en la casa del abuelo donde encontró una *Antología de los poetas clásicos latinos*, libro que había sido publicado en Lyon, Francia, en 1590, y en sus seiscientas noventa y ocho páginas, encerraba una selección de fragmentos de los trabajos de Virgilio, Ovidio, Horacio, Juvenal, Lucano, Séneca, Platón, Terencio y muchos más. Este volumen, que pudo rescatarse, conserva una serie de ano-

Sor Juana Inés de la Cruz. La gran poetisa y prosista mexicana del siglo XVII, gloria de las letras.

taciones al margen que se le atribuyen a Sor Juana. Más tarde ella escribiría al rememorar esta época:

"Lo que sí es verdad, que no negaré... que desde que me rayó la primera luz de la razón, fue tan vehemente y poderosa la inclinación a las Letras, que ni ajenas reprehensiones (que he tenido muchas) ni propias reflexas (que he hecho no pocas) han bastado a que deje de seguir este natural impulso que Dios puso en mí; su Majestad sabe por qué y para qué".

No se desprende de la descripción que hace de ella su primer biógrafo, el padre Diego Calleja, que Juana Inés fuera una jovencita sentimental, de emotividad, desbordada. Todo lo contrario: "su continencia, su concepto de la mesura y de la lógica, su profundo sentido crítico, en ella casi un sexto sentido natural, comienzan a manifestarse precozmente". Desde niña sabe Juana Inés lo que quiere, lo que para ella vale más, y casi intuye cómo lograrlo...

2

La joven ilustre

Los días mundanos

Decirte que nací hermosa
Presumo que es excusado,
pues lo atestiguan tus ojos
y lo prueban mis trabajos.

Sor Juana

Juana Inés de Asbaje y Ramírez era una adolescente bella, encantadora y vivaz cuando, en 1664, entró en el palacio virreinal. Gobernaba la Nueva España el vigésimo quinto virrey don Antonio Sebastián de Toledo, marqués de Mancera, a quien se le tenía como un hombre bondadoso y acertado, que supo combatir la piratería en las costas mexicanas y apoyó las obras de construcción de la catedral metropolitana. Ya había oído hablar el virrey de la inteligencia y el talento de Juana de Asbaje, así, pues, la invitó a vivir en palacio —según escribe Calleja—, con el "título de muy querida de la señora virreina" —doña Leonor Carreto, marquesa de Mancera.

Del palacio virreinal donde vivió Sor Juana se tienen pocas referencias pues un incendio acabó con él en el año de 1692 y otro fue edificado sobre sus cimientos. El original fue construido sobre las casas de Moctezuma II que después pertenecieron a Hernán Cortés y luego a su hijo Martín, hasta que, en 1562, el edificio fue adquirido por la corona y acondicionado para residencia de los virreyes.

Gracias a unos planos que se encontraron en archivos mexicanos y españoles, se ha podido reconstruir en parte el palacio virreinal de la primera época. Se sabe que el encargado del proyecto fue el arquitecto Claudio de Arciniega. Él diseñó la fachada y los pórticos; uno en 1563 y el otro un año después. El plano de uno de estos pórticos se conserva aún en el Archivo de Indias de Sevilla. Mas para darnos una mejor idea, se cuenta con la descripción de un cronista en ocasión de las honras fúnebres de Felipe IV, (1575) y, además, se conservan un plano y una pintura de dicho palacio en Madrid (El biombo de Sevilla):

"*La fachada principal daba a la plaza mayor y se extendía desde la esquina de Volador hasta la calle de Moneda. El edificio tenía tres patios: uno correspondía al área de las habitaciones de los virreyes, otro a la Real Audiencia y el tercero era el del Tribunal de Cuentas. Eran más suntuosos los corredores del patio de los virreyes que los de los otros patios*". "*En los altos del patio principal está la vivienda de los virreyes con todas las piezas, camarines (salones) y retrates (recámaras) que pide la suntuosidad de un palacio y necesita la grandeza de príncipes*".

"*El frontispicio (fachada principal) es casi completo desde la esquina suroeste hasta el balcón de la virreina. Hay puertas con sus escudos reales: la torre de la izquierda y sus asimétricas ventanas con sus rejas, y balcones con*

El Palacio Virreinal en el siglo XVII. Juana Inés de Asbaje y Ramírez era una adolescente bella, encantadora y vivaz cuando, en 1664, fue a vivir al palacio.

sus balaustres de hierro. Hay también dos ventanas pequeñas, una en la misma torre y otra muy cercana con arcos conopiales de descendencia gótica, que nos dice la antigüedad de su hechura... La puerta de la derecha, con sus escudos y dos balcones sobre su dintel, era la de la Real Audiencia. La de la izquierda era la de la vivienda de los virreyes".

En ese palacio, pasará Sor Juana los años más agitados e intensos de su existencia. Fueron sus días mundanos como figura central de la corte virreinal, repletos de halagos y éxitos, en donde no sólo fue, por su belleza e ingenio, la "niña mimada" que cuenta el padre Calleja, sino también objeto de asombro y veneración por su inteligencia, memoria y extraordinaria cultura. El sacerdote refiere una anécdota acerca de un certamen científico, *científica lid*, que sostuvo frente a cuarenta eruditos de la ciudad resultando victoriosa como un "galeón real" frente a un enjambre de 'chalupas' (Calleja); o simplemente, si nos atenemos a la discreta confesión antes recogida, "por su capacidad memorística y el cúmulo de nociones adquiridas en su corta y precoz edad".

Esto fue lo que apuntó el padre Diego Calleja recogiendo las palabras del virrey Mancera, en España, recordando el hecho, cuando ya había muerto Sor Juana:

"De ver en Juana Inés tanta variedad de noticias, las escolásticas tan, al parecer, puntuales, y bien fundadas las demás, quiso desengañase de una vez, y saber si era sabiduría tan admirable, o infusa, o adquirida, o artificio, o natural; (el virrey) juntó un día en palacio cuantos hombres profesaban letras en la Universidad y ciudad de México: el número de todos llegaría a cuarenta: teólogos, escriturarios, filósofos, matemáticos, historiadores, poetas, humanistas y no pocos de los que, sin haber cursado... las facultades con su mucho ingenio suelen hacer... muy buen juicio de todo".

"Veintisiete años después, muerta ya, el marqués declaraba: "que a la manera de un 'Galeón Real' se defendería de pocas 'chalupas' que lo embistieran, así se desembarazaba Juana Inés de las preguntas, argumentos y réplicas que tantos, cada uno en su clase, le propusieron".

La corte virreinal mexicana debió ser parecida a cualquiera de las cortes europeas de la época: una corte activa, animada, alegre; escenario de frívolos pasatiempos, con frecuentes fiestas, conciertos, bailes y representaciones de comedias, aunque sin duda ahí se acentuaban los festejos a causa del tedio y el aislamiento del ambiente colonial, con sus fracturas y sus separaciones de clases sociales y razas.

En cuanto a los bailes, se acostumbraban los intercambios de parejas que acarreaban, por lo general, frecuentes intrigas amorosas. Estos mismos bailes e intercambios de parejas los retomará Sor Juana en su comedia *Los empeños de una casa*.

Admirada y agasajada por los virreyes, que la adoraban, y por todos los personajes de la corte, la joven se comportaba de manera cordial, dulce y cariñosa. Poseía una cualidad innata que habrá de complicarle más la vida: su extraordinario don de gentes, y un carácter sociable por naturaleza, como ella misma revelaría más tarde; "dominaría el sutil arte de saber ofrecer a cada cual lo que cada cual anhelaba o necesitaba". Sin embargo, nunca perdió la sencillez de sus raíces campiranas y provincianas; supo conservarse fiel a sus convicciones, modesta y serena sin que la arrastrara la vanidad. Por eso, en la corte, no sólo despertó admiración por su extraordinaria inteligencia: se ganó, también, el afecto de cuantos la trataron.

La ilustre Juana Inés servía a la frivolidad cortesana con tiradas de versos que a todos halagaban. Era la poetisa oficial de la corte. No había suceso, grande o pequeño, que no reseñase en verso; pero ella, en el fondo, no se entregaba nunca. Brindaba en ropaje poético su amabilidad a sus soberanos, pero la famosa poetisa "objeto venerando de tantas adoraciones" (frase de la misma Sor Juana en *Los empeños de una Casa*), permanecía humilde y sencilla sin que se marchitara, al calor de tanto homenaje, la fragancia de su alma. Mas la poetisa no tardaría en tomar una importante decisión, impaciente, quizá, de que con tanta fiesta y deberes para con la virreina, no le quedase tiempo para sus estudios y lecturas. Cuando no eran "los lutos", como las muy solemnes honras fúnebres que organizó el Virrey a la muerte de Felipe IV en 1675, a quien Sor Juana —con catorce años de edad— dedicó uno de sus primeros sonetos, había que atender diferentes celebraciones, como por ejemplo, cuando se terminó de construir la Catedral Metropolitana, o bien, las recepciones en palacio para embajadores o visitantes importantes.

Quizá por eso, dos años después, cuando está en la cumbre de la fama y es "la mujer del día" en México, cuando, —como dirá ella más tarde—, "era de la patria toda el objeto venerado... y víctima de sus aras están devotamente postrados los corazones de todos", la joven asiste a su última fiesta mundana, en la que viste, por última vez, traje cortesano.

El 22 de diciembre de 1667 Sor Juana acompañó a los virreyes de Mancera al acto solemne en el que el Arzobispo Francisco de Rivera Henríquez (fray Payo) hizo la consagración de la Catedral Metropolitana. El virrey vestía sus mejores galas y doña Leonor, de igual manera, se había envuelto en "sus gratos tafetanes" aderezándose con perlas, sus joyas predilectas. Las damas de la corte, vestidas con extraordinario lujo, se mantenían detrás de los virreyes. Todos lo presentes lucían trajes muy elaborados de ricos terciopelos, tisúes y brocados, y portaban sus más vistosas joyas. Juana Inés de Asbaje y Ramírez vestía un magnífico traje en color violeta, cuya falda estaba recamada con bordados de oro. Sus contemporáneos la describieron entonces como una mujer "hermosa, esbelta y de presencia espiritual". La virreina personalmente le había colocado un collar de perlas alrededor del cuello. Se encontraba presente su confesor don Antonio Núñez de Miranda, de la Compañía de Jesús, confesor también de los Virreyes. Él fue el único que conoció sus secretos.

La mayoría de los estudiosos de Sor Juana suponen que fue una crisis psicológica lo que la llevó a pensar en el Convento. Ella dejó escrito que fue su deseo "vivir sola, no tener ocupación alguna obligatoria que embarazarse la libertad de mi estudio, ni el rumor de comunidad que impidiese el sosegado silencio de mis libros".

Con base en las referencias del padre Calleja, se ha podido confirmar que Sor Juana ingresó primero como novicia en el convento de San José, algunas veces llamado Santa Teresa la Antigua, de Carmelitas Descalzas, el 14 de agosto de 1667, a la edad de 15 años y cuatro meses, entre otras causas por el excesivo rigor de las reglas carmelitanas.

Ese convento había sido erigido pocos años antes y se encontraba aún en construcción. Sus condiciones sanitarias eran muy rudimentarias, además de que la disciplina de la orden era muy severa. La jovencita entró al convento como religiosa del coro, y al no estar acostumbrada a llevar una vida tan austera y al mismo tiempo desempeñar trabajos rudos, enfermó gravemente víctima de tifus exantemático, por lo que abandonó el monasterio el 18 de noviembre de ese mismo año.

Juana Inés volvió a la corte virreinal pero su estancia en el palacio sería muy corta. A los tres meses, el 24 de febrero de 1669, volvió a tomar el velo en el monasterio de San Jerónimo y ahí permanecería 27 años.

La decisión

¿Por qué decide Sor Juana hacerse monja a los 16 años? ¿Era la decisión correcta para una doncella negada al matrimonio y resistente a ser "pared blanca donde todos quieren echar borrón"?. Casi correcta —diríamos— porque lejos estaba Sor Juana de imaginarse el cerco que se iría estrechando a su alrededor en razón directa al crecimiento de su fama.

Sin embargo, sus biógrafos y críticos se han planteado algunos interrogantes sobre su repentina decisión de ingresar al convento tras haber permanecido una temporada, aparentemente feliz y exitosa, en la corte novohispana: ¿Una decepción amorosa? ¿Incompatibilidad entre su origen modesto y 'bastardo' y el selectivo mundo de la aristocracia virreinal? ¿O acaso una crisis de conciencia considerada quizá como una 'primera conversión' o crisis?

Sor Juana aclara muy poco respecto a su decisión en sus testimonios:

"Entréme religiosa porque aunque conocía que tenía el estado cosas (de las accesorias hablo, no de las formarles) muchas repugnantes a mi genio, con todo, era para la total negación que tenía al matrimonio, lo menos desproporcionado y lo más decente que podía elegir en materia de seguridad que deseaba de mi salvación; a cuyo primer respeto (como al fin más importante) cedieron y sujetaron la cerviz todas las impertinencillas de mi genio, que eran de querer vivir sola; de no querer tener ocupación obligatoria que embarazase la libertad de mi estudio, ni rumor de comunidad que impidiese el sosegado silencio de mis libros. Esto me hizo vacilar algo en la determinación hasta que alumbrándome personas doctas de que era tentación, la vencí con el favor divino, y tomé el estado que tan dignamente tengo".

Para algunos sorjuanenses, ella buscaba únicamente 'La Verdad' —*su verdad*—, por el único camino que la atraía apasionadamente: el del conocimiento. Para éstos mismos parece que no hay interrogantes ni misterios en la resolución irrevocable de Sor Juana: "se trazó una línea recta, la más corta en su época, para alcanzar su objetivo". Otros han sondeado persistentemente su poesía para buscar respuestas en cuanto a sus supuestos amores y desamores durante el 'periodo mundano'. Y otros más, señalan que simplemente trataba de "continuar los estudios, y seguir en el centro de la vida intelectual de la capital, como en efecto sucedió". Hasta la fecha no se ha podido acabar de descorrer el misterioso velo que nos deje claro cuál fue la verdadera causa que determinó su decisión de tomar los hábitos.

El padre Núñez de Miranda "maduró y abrevió cuanto pudo aquella entrada de Juana Inés al Convento, porque habiendo conocido la discreción y gracia en su hablar, lo elevado de su entendimiento y lo singular de su erudición junto con su belleza física, atractivos todos a la curiosidad de muchos que desearían conocerla y tendrían por felicidad el cortejarla, solía decir que no podía Dios enviar azote mayor a *aqueste* reino, que si permitiese a la joven se quedara en la publicidad del siglo."

Hay quien dice que Sor Juana nunca tuvo vocación religiosa. Sin embargo, existen alrededor de ella suficientes razones para afirmar lo contrario. Si ella no hubiese tenido sobradas razones para aceptar la obediencia monástica, ni el padre Núñez Miranda, ni el clero en pleno, ni el virrey, ni nadie, la hubieran podido obligar a ingresar en el Convento, pues "no hay un solo acto en su vida que no haya sido dirigido por la siempre meditada determinación de su voluntad".

De mí misma soy verdugo
y soy cárcel de mí misma...

Sor Juana

Los Conventos de monjas

Durante los siglos XVI y XVII se construyeron en la nación mexicana los más fastuosos monasterios de monjas. Sus iglesias ostentaban altares con fabulosos retablos recargados en oro; sus claustros fueron enriquecidos con las pinturas de los más notables artistas de diversas épocas, y en las sacristías se guardaban la mejor producción de los orfebres de aquellos tiempos.

El más suntuoso de la ciudad de México y de toda Nueva España fue el de 'La Concepción', que a la vez era el más antiguo, pues lo había fundado el primer arzobispo de México fray Juan de Zumárraga en el año de 1547.

Los conventos de monjas de ese entonces —igual que los de los hombres—, estaban bajo jurisdicción episcopal. Pero si los de hombres representaban una necesidad o utilidad religiosa, puesto que administraban algunos sacramentos, los de mujeres, en cambio, constituían un lujo. Además, como los conventos de religiosas dependían exclusivamente de la caridad pública, se hizo necesaria una población suficientemente amplia y rica para sustentarlos. Por otra parte, los beneficios sociales que reportaban estos monasterios, tenían sentido únicamente en las ciudades al dar un quehacer honrado, digno y elevado a las mujeres que no estaban casadas 'alejándolas de los peligros y tentaciones del mundo' en una época que tanto consideraba el honor femenino; asimismo, como a las mujeres no se les procuraba preparación alguna para afrontar la vida, los claustros quitaban a la familia la molestia de tener que cargar con los problemas que implicaba tener en casa a una mujer célibe.

Aun cuando la autoridad real fue reacia a autorizar la creación de instituciones religiosas femeninas, en las colonias españolas se contó a menudo con la complicidad de virreyes vice-patronos y arzobispos, en parte por su legítima piedad o tal vez por ostentar el título de 'fundadores de un convento', lo cual implicaba un reconocimiento público.

Así, pues, los conventos de religiosas llegaron a desempeñar un papel económico importante durante la Colonia por las fuertes dotes que requerían las monjas profesas a los espléndidos patronos que los apoyaban, y a la buena administración de sus propiedades. El requerimiento de la dote fue en ocasiones de tal modo pesado que se crearon fundaciones especiales para dotar a mujeres carentes del capital suficiente.

Aun cuando a veces fueron ejemplo de piedad y con frecuencia habían albergado en sus claustros a monjas muertas en olor de santidad, hubo también conventos de mujeres que llegaron a relajar bastante la disciplina a pesar de los rectores. Salvo excepciones, las religiosas no vivían realmente en comunidad, si bien hacían actos de comunidad en el coro de la Iglesia; vivían y comían en celdas independientes, amuebladas, decoradas y, a veces, construidas de acuerdo a su gusto y posibilidades económicas. Muchas religiosas entraban muy jóvenes al Convento sin vocación alguna, y mantenían dentro del claustro el orgullo que les daba proceder de familia ilustre y poderosa.

Además de las monjas, vivían en los conventos las llamadas niñas, incapaces por cualquier circunstancia de profesar. Aparte, albergaban también a un buen número de criadas o sirvientas para atender a las religiosas. (Numerosas disposiciones episcopales insistían en limitar a cinco el número de criadas para cada religiosa, pero la misma reiteración permite advertir el poco caso que se hacía de ellas).

El locutorio del Convento era el sitio por el que las monjas entraban en contacto con el exterior; su importan-

Convento de San Jerónimo, en la ciudad de México, donde Sor Juana Inés de la Cruz hizo su vida religiosa.

cia para la vida de las ciudades era muy grande; ahí se forjaban amistades, se conocían noticias, se intercambiaban regalos, cartas y poemas. Ahí, en fin, "se daban aquellos curiosos noviazgos espirituales que, cuando dejaban un poco de serlo, provocaban regaños y castigos".

Pues bien, a uno de estos conventos ingresa, por decisión propia, Juana Ramírez (Juana de Asbaje). Se trata del

Convento de Santa Paula de la Orden de San Jerónimo. Entra en 1668, profesa en 1669 y permanece en él veintisiete años hasta el día de muerte, el 17 de abril de 1695. Ahí, en el mismo Convento fue sepultada.

El Convento de San Jerónimo

La historia del Convento de San Jerónimo data de sesenta y cuatro años después de consumada la conquista española, cuando en la ciudad virreinal había ya cuatro conventos para mujeres.

En la víspera de San Jerónimo, precisamente el día en que se festeja a San Miguel Arcángel, pero de 1585, doña Isabel de Barrios y don Diego de Guzmán, su segundo marido, fundan el Convento y se convierten en los "patronos".

El 29 de septiembre de 1585, no habiendo religiosas de la orden Jerónima en México, se funda la nueva comunidad con cuatro monjas concepcionistas, siendo la primera Abadesa Sor Paula de San Jerónimo, sobrina de doña Isabel de Barrios. El Convento fue bautizado con el nombre de Santa Paula "en honor de aquella Santa Matrona que dio su casa a San Jerónimo para que edificase en ella un templo en la ciudad de Belén". Pero más tarde, al ser reinaugurado en 1626, se le cambia el nombre por el San Jerónimo, en honor de este santo al que se dedica el templo.

Para ingresar al Convento de la Orden Jerónima era necesario contar con la autorización del Arzobispo de México o de su representante. Las aspirantes debían ser exclusivamente españolas o criollas, y como no se trataba de orden mendicante, las jóvenes debían pagar una dote que ascendía a tres mil pesos. Ingresaban de manera formal después de haber profesado y debían comprometerse por el resto de su vida a guardar como en todo convento, los votos de: pobreza, castidad, obediencia y clausura.

Según las reglas, tenían la obligación de cumplir con alguna ocupación común, es decir, efectuar diariamente un trabajo en una sala especial llamada de 'labor' junto con toda la comunidad. Había dormitorios comunes para todas las monjas, y sólo en caso de enfermedad se les permitía dormir en aposentos separados, pero de todas maneras debían estar acompañadas de otras religiosas.

La Orden Jerónima era austera y aún cuando en ella la vida revestía menos dureza que en los conventos capuchinos y carmelitas, no faltaba mucho para que se les igualarla. Las hermanas podían tener cama, colchón, almohada "de lienzo o cáñamo", más no sábanas. Con permiso de la madre Priora, podían poseer numerosos objetos especiales: libros, imágenes y otros utensilios; mas sin su permiso su pobreza era completa, y la vigilancia en este punto era muy estricta.

Cuando alguna monja infringía la regla, si la falta era leve, la priora dictaba un castigo sencillo, por ejemplo rezar ciertas oraciones, confesar su falta ante la comunidad reunida, etc., pero si la falta era grave se castigaba con la cárcel "con los aparejos de las prisiones", para que "la que no cumpla lo que debe por amor, sea obligada a cumplirlo por temor".

El cuanto al gobierno del Convento, en la madre *Superiora* residía toda la autoridad y responsabilidad del monasterio. Era elegida por mayoría de votos y duraba en su puesto tres años. De acuerdo con la jerarquía, le seguía la *vicaria*, quien podía suplir en funciones a la Superiora y era electa también por las monjas. Había dos *correctoras* (nombre que indica su oficio), una *procuradora* (proveedora), cinco *definidoras*, que resolvían los asuntos dudosos; una *hebdoma-*

daria que dirigía los rezos y los cantos en el coro y una *con-tadora* encargada de los negocios temporales (Sor Juana ocuparía el puesto por nueve años); un mayordomo seglar, que cuidaba los asuntos de las monjas fuera del monasterio, esto es la cuestión económica y jurídica. Existían dos *depositarias* que eran las encargadas de guardar el dinero en arcas especiales, quienes anualmente informaban a la Superiora el estado de las cuentas y gastos del Convento.

También existía el oficio de *maestra de novicias*, de quien dependía el futuro del monasterio, y había otros puestos como *archivista*, *bibliotecaria*, *tornera*, *sacristana*, *portera*, etc.

Respecto a las ocupaciones de las monjas, éstas, por regla, estaban obligadas a rezar el Oficio Divino, a oír misa y a la ocupación en conjunto en la sala de labor. Los rezos les ocupaban gran parte del día y los trabajos manuales las entretenían también bastante tiempo, quedándoles algunos ratos libres para quehaceres domésticos (aunque contaban con la ayuda de criadas a su servicio), y para a hacer actividades de su preferencia, como por ejemplo dedicarse a la cocina, en especial a la repostería, llegando a tener fama de confeccionar exquisitas golosinas; además se ocupaban de enseñar a las niñas.

Anexo al Convento de San Jerónimo, como parte de él, existió un famoso colegio de niñas donde numerosas pequeñas fueron instruidas en las ciencias humanas y divinas. Las niñas eran admitidas desde la edad de siete años y permanecían internas hasta completar su educación. No se sabe qué nivel alcanzaba la instrucción que allí se impartía, pero parece que era elemental porque Sor Juana en su respuesta a Sor Filotea hace una velada crítica a las maestras ignorantes y a las monjas ignorantes.

Con respecto al esparcimiento de las religiosas jerónimas, no se puede decir que ellas se entretuvieran de forma mundana sino apenas humana. Retrocedamos tres siglos en el tiempo para reconstruir una los momentos de asueto en el Convento:

"En una amplia sala del monasterio llamada locutorio, que carece de cortinajes y tapetes, están sentados en mullidos sillones distinguidos personajes de la época: los virreyes y el arzobispo han llegado de visita. Las religiosas permanecen de pie, unas, y otras, las más ancianas, descansan en sillas de dura madera. Todas visten con sus gruesas túnicas de gruesa tela de lana, sin que ropa interior de lino suavice su aspereza. Sobre la túnica traen puesto el hábito de paño blanco cerrado en el cuello y largo hasta tocar el suelo, sin tablones y sin cola, aunque un tanto acampanado. Tiene una doble manga que llega hasta el manto, el cual como el escapulario, está hecho de paño buriel corriente y negro. Traen la cabeza cubierta con una toca blanca y sobre ella un velo negro. Portan anchos cinturones de cuero cerrados con una hebilla y sobre las medias negras calzan zapatos toscos y feos. Como parte del atuendo llevan un rosario y sobre el pecho un escudo con imágenes pintadas. Seguramente bajo los hábitos de las monjas hay cilicios pero no se ven. Las hermanas solo pueden permanecer unos cuantos minutos en la reunión porque las reglas de la Orden no les permite estar más tiempo. Además, han de cumplir con los rezos, el trabajo, el silencio y la disciplina. Se acabó el recreo.

El Convento original de la Orden de las jerónimas estaba ubicado en la esquina que forman las calles de San Jerónimo y 5 de febrero, en el centro de la ciudad de México, que en aquel tiempo ocupaba las casas de la fundadora: las de "Ortiz", el músico, quien las vendió a doña Isabel de Barrios. Al paso de los años el Convento fue creciendo hasta ocupar, en el periodo de la Reforma, una extensión de 12,778 metros cuadrados, y parece que cuando más poblado estuvo el Convento, albergó 200 personas, entre monjas y servidumbre.

La entrada al Convento se hallaba en el lado norte del edificio, sobre la calle de San Jerónimo. La fachada conserva el estilo renacentista, característico de la época de la Colonia, dentro de la variante herreriana, llamada así por su creador Juan de Herrera, arquitecto mayor de Felipe II.

La construcción del templo se concluyó en el año de 1626, contando entonces con una sola nave, con su planta en cruz, el presbiterio, los coros de los canónigos, alto y bajo, y probablemente el antecoro. Se conserva un dibujo de la época donde aparece una sola torre.

Durante las obras de rescate —que por cierto se llevaron a cabo hace unas cuantas décadas— se detectaron varias etapas de construcción, mismas que se iniciaron con la original, de 1585 a 1623; de 1623 a 1690 la segunda; la tercera de 1690 a 1774; la cuarta de 1774 a 1867, y la quinta y última, de 1867 a 1976.

En la época de la Reforma y como consecuencia de las Leyes, el Convento fue fraccionado. Una parte fue vendida a particulares y otra ocupada un tiempo como cuartel y hospital militar. En el presente siglo volvió a fraccionarse para establecer ahí locales comerciales y hasta un hotel. Finalmente, en de 1963, se inicia la restauración del templo y en 1971, el gobierno decreta el rescate de lo que quedaba del convento.

Actualmente el antiguo Convento de San Jerónimo es el *Claustro de Sor Juana*, y es sede de la *Universidad del Claustro de Sor Juana*. El edificio abarca dos grandes áreas: la del

Actualmente el antiguo Convento de San Jerónimo es el Claustro de Sor Juana, y sede de la Universidad del Claustro de Sor Juana.

Convento, donde hay cinco patios, y la del templo. En el primer patio, que es el más grande, está el gran "Claustro", que consta de dos plantas, y a cuyo alrededor estuvieron las celdas de las monjas. Se supone que la que ocupó Sor Juana es la que está al fondo del patio, en la parte alta de la esquina que da al sureste; en la planta baja se aprecian los restos de lo que fueron las cocinas del convento.

En la parte posterior del edificio se ubica el llamado *patio de los gatos*, y a un costado *el patio de los confesionarios*. En esta parte todavía se ven vestigios de los cimientos de grandes muros y columnas correspondientes a los confesionarios; éstos se hallaban precisamente a un costado del templo, en cuyos muros se notan aún varias puertecillas que fueron clausuradas. Más hacia fondo, está el *patio de la fundación* rodeado de corredores y arcos de medio punto. A un costado está otro patio de reconstrucción más reciente llamado *de los cipreses*. Entre estos dos últimos, está el *Museo de la Indumentaria Mexicana* y otra sala de exposiciones plásticas.

La gran nave del templo se utiliza actualmente como foro para representaciones de obras de teatro y recitales poéticos y musicales. En el costado derecho está el acceso de la calle. El altar se conserva igual que hace tres siglos. Su retablo, sostenido por cuatro pilares, está bañado·en oro. Tiene dos grabados en metal bajo dos óleos en la parte superior con la figura de San Jerónimo. Al centro luce en oro el sagrario. En el coro de los canónigos, reposan ahora los restos de la poetisa mexicana Sor Juana Inés de la Cruz.

Éste fue el mundo físico donde se explayó el alma inquieta de Sor Juana, adherido a la orden agustina "como si un santo filósofo tuviera que presidir el mundo de una filósofa que aspiraba a santa" —dijo uno de sus biógrafos.

Los votos religiosos

Tras un año de prueba como novicia, el 24 de febrero de 1669, Juana de Asbaje y Ramírez de Santillana tomó los hábitos de manera definitiva. Desde ese día se convirtió en Sor Juana Inés de la Cruz. Si como mujer su precocidad y sus versos la habían hecho famosa, como monja alcanzaría la escritora la áspera y dolorosa cima de la gloria. Una corta palabra, "sor", antepuesta a su nombre, cambiaría para siempre su vida.

Con la ayuda de algunos testimonios de sus contemporáneos, sobre todo del padre Antonio de Oviedo, biógrafo del padre Núñez de Miranda, trataremos de reconstruir las escenas de día de su profesión:

"Desde muy temprano todas las campanas de las iglesias de la ciudad anunciaron con sus repiqueteos la toma de hábitos de Sor Juana. Era un día de fiesta para la gente del pueblo mexicano. Tronaron una gran cantidad de cohetes y encendieron fuegos artificiales en señal de júbilo. El padre Núñez de Miranda se hizo cargo personalmente de los preparativos. Las hermanas del Convento habían bordado las vestimentas y ornamentos sagrados con hilos de oro y plata. Otras, habían confeccionado espléndidos platillos y exquisitas golosinas para el gran día...

"Los virreyes estuvieron al pendiente del acontecimiento. Doña Leonor visitaba diariamente el Convento para ver y obsequiar a su pupila... 'Casi había puesto el lujo de su corte, su distinción, su finura, en el locutorio de San Jerónimo', rodeando de comodidades a la monja en su nueva morada".

"El día empezaría con la ratificación por escrito de los votos. Enseguida la llevarían a dar 'un corto paseo' por

la ciudad, para el cual la novicia debía vestir sus mejores galas y adornarse con sus más ricas joyas. Después, se presentaría de nuevo en el Monasterio, donde la despojarían de sus lujos, y en una ceremonia muy solemne le pondrían el hábito de la Orden y haría su profesión.

"Para la ceremonia de profesión de Juana de Asbaje, se encendieron numerosas velas y veladoras en la Iglesia del Convento, las cuales se distribuyeron a lo largo y a lo ancho de la nave, y sobre todo iluminaban los altares que ese día lucían sus magníficos ornamentos y estaban adornados con jarrones repletos de flores blancas. Para el acto se dieron cita los virreyes, el alto clero, el clero secular, los cortesanos y paladines y gente importante de la sociedad novohispana. El padrino de la ceremonia fue don Pedro Velásquez de la Cadena, 'deudo' (familiar) de la poetisa, quien pagó la dote". (Aquí aparece un dato importante extraído del Libro de Profesiones de Santa Paula: en las actas de petición y profesión de fe aparece Sor Juana como hija legítima).

"Manos devotas vistieron a Sor Juana con los hábitos de gruesa tela de lana de su nuevo estado de gracia. Le pusieron primero la túnica blanca que la cubrió completamente. Una doble manga resguarda todo el brazo de la futura monja; la externa era larga y ancha y le llegaba hasta el manto; la interior era estrecha y remataba en un gran puño cerrado por una hilera de botoncillos forrados del mismo paño. El amplio sayal rozaba el suelo, sin tablones y sin cola. Con unas tijeras de plata le cortaron las trenzas (aquellas trenzas en que solía llevar la cuenta de su aprendizaje) y colocaron sobre su cabeza una toca blanca que descendía hasta su cuello y le envolvía el contorno de la cara. Finalmente le pusieron un velo negro sobre la blanca toca, dejando ver los bordes de ésta pero cubriendo parte de su frente. El manto, un poco más corto que la falda, y el escapulario, un tanto más corto aún, ambos, confeccionados de "paño de buriel", dejaban caer su peso sobre todo el atuendo que complementaba un cinturón de cuero cerrado por una hebilla, medias negras y un par de toscos zapatos.

"Por último le colocaron el gran medallón con imágenes pintadas al estilo concepcionista y colgaron en su cuello el rosario de los quince misterios que remata su cruz sobre el hombro derecho".

¡Juana Inés era ya una monja jerónima! Era Sor Juana Inés de la Cruz.

Al cabo del tiempo, la monja reflexionaría una y otra vez respecto a su vida religiosa. Éstos eran sus pensamientos:

"Pensé yo que huía de mí misma pero ¡miserable de mí! Trájeme a mí conmigo y traje mi mayor enemigo en esta inclinación: que no sé determinar si por prenda o castigo me dio el cielo, pues de apagarse o de embarazarse con tanto ejercicio que la religión tiene, reventaba como pólvora y se verificaba en mí el privatio est causa appetitus."

3

La monja filósofa

Las filosofías y las ciencias

ejemos que sea la misma Sor Juana quien nos relate cómo inició su vida en el Convento de San Jerónimo:

"Solía sucederme que, como entre otros beneficios, debo a Dios un natural tan blando y tan afable y las religiosas me aman mucho por él (sin reparar, como buenas, en mis faltas) y con esto gustan mucho de mi compañía, conociendo esto y movida del grande amor que las tengo, con mayor motivo que ellas a mí, gusto más de la suya: así, me solía ir los ratos, que a unas y a otras nos sobraban, a consolarlas y a recrearme con su conversación. Reparé que este tiempo hacía falta a mi estudio y hacía voto de no entrar en celda alguna si no me obligase a ello la obediencia o la caridad: porque, sin este freno tan duro, al de sólo propósito le rompiera el amor; y este voto (conociendo mi fragilidad) le hacía por un mes o por quince días; y dando cuando se cumplía, un día o dos de tregua, lo volvía a renovar, sirviendo este día, no tanto a mi descanso (pues nunca lo ha sido para mí el no estudiar) cuanto a que no

*me tuviesen por áspera, retirada e ingrata al no merecido
cariño de mis carísimas hermanas."*

*"Bien se deja en esto conocer cuál es la fuerza de mi
inclinación. Bendito sea Dios que quiso que fuese hacia
las letras y no hacia otro vicio, que fuera en mí casi insu-
perable; y bien se infiere también cuán contra la corriente han navegado (o, por mejor decir, han naufragado) mis
pobres estudios. Pues aún falta por referir lo más arduo
de las dificultades, que las de hasta aquí sólo han sido
estorbos obligatorios y casuales que indirectamente lo son:
y faltan los positivos que directamente han tirado a estorbar y prohibir el ejercicio."*

Sor Juana se había impuesto una serie de obligaciones
que le robaban su tiempo de estudio y le amargaban su
cotidiana existencia. Del palacio de los virreyes llegaban constantemente solicitudes que debía atender. Su vida cortesana no se había interrumpido. El virrey y la virreina la
visitaban casi a diario para pedirle que escribiera versos
convencionales con motivo de onomásticos, cumpleaños,
envíos de presentes, excusas y condolencias. Toda clase de
pretextos hacía producir a la poetisa, contra su deseo, "que
yo nunca —dice ella— he escrito cosa alguna por mi voluntad, sino por ruegos y preceptos ajenos".

Contraponiendo las vanidades a la sabiduría se afian-
zaba en su amor a ésta, y recriminaba a aquellas, diciendo
al mundo que la hostigaba:

*"En perseguirme, Mundo, ¿qué interesan?
¿En qué te ofendo, cuando sólo intento
poner bellezas en mi entendimiento,
y no mi entendimiento en las bellezas?
Yo no estimo tesoros ni riquezas;*

y así, siempre me causa más contento
poner riquezas en mi entendimiento,
que no mi entendimiento en las riquezas.
Yo no estimo hermosura, que, vencida,
es despojo servil de las edades,
ni riqueza me agrada, fementida,
teniendo por mejor, en mis verdades,
consumir vanidades de la vida,
que consumir la vida en vanidades"

Pero no cesaban virreyes, clérigos y cortesanos en comentarle y consultarle asuntos políticos y sociales, y hasta religiosos. Su extraordinaria actividad cultural y social podía equipararse a la que vivieron, por ejemplo, algunas mujeres del Renacimiento italiano. Prueba de ello fue el aprecio y respeto que le profesaron los más connotados intelectuales de su tiempo, mexicanos y extranjeros.

Entre los amigos intelectuales de Sor Juana, y cuya influencia le fue determinante, se encontraba el sabio mexicano del siglo XVII: don Carlos de Sigüenza y Góngora, pariente del gran poeta español, cuya personalidad cultural, de algún modo empataba con la de Sor Juana.

Carlos Sigüenza y Góngora fue poeta, filósofo, arqueólogo, crítico, matemático y naturalista mexicano. Ingresó a la edad de 15 años en la Compañía de Jesús pero la dejó a los 22, conservando, sin embargo, buenas relaciones con los jesuitas. Fue capellán del Hospital del Amor de Dios y catedrático de Filosofía y Ciencias Exactas en la Universidad. Su fama llegó hasta España donde Carlos II lo nombró Geógrafo Mayor del Rey, asignándole una importante pensión.

Alrededor de este hombre tan notable gira la vida cultural del Virreinato, en donde Sor Juana sigue vigente. La vasta erudición de don Carlos debió ejercer gran influencia en la monja ya que en ambos había florecido prematuramente el mismo espíritu filosófico, la misma curiosidad científica, influidos por Descartes, que se refleja en el pensamiento de la monja filósofa. Los dos lucharán toda su vida por vencer el medio, librarlo de supersticiones y alcanzar la verdad.

En 1680 don Carlos saca a la luz su *Manifiesto Filosófico contra los Cometas*, con el fin de combatir las supersticiones. Mientras tanto, Sor Juana sigue con interés científico la aparición del meteoro, revisando los estudios del Padre Kino, celebre astrónomo tirolés, a quien se atreve a refutar Sigüenza y Góngora en su *Libra Astronómica y Filosófica*, y de quien deja memoria la poetisa en un soneto que dedicó al astrónomo. He aquí el soneto:

Aunque es clara del Cielo la luz pura,
clara la Luna y claras las Estrellas,
y claras las efímeras centellas
que el aire eleva y el incendio apura;
aunque es el rayo claro, cuya dura
producción cuenta al viento mil querellas
y el relámpago que hizo de sus huellas;
medrosa luz en la tiniebla oscura;
todo el conocimiento torpe humano
se estuvo oscuro sin que las mortales
plumas pudiesen ser, con vuelo ufano,
Ícaros de discursos racionales,
hasta que el tuyo, Eusebio soberano,
les dio luz a las Luces celestiales.

La ciencia era para Sor Juana uno de sus más grandes anhelos de investigación, una aspiración profunda, y sobre todo, una exigencia racional que habría debido traducirse en experimentación efectiva, según las tendencias imperiosas de los tiempos, favorecidas por la existencia misma del Nuevo Mundo; pero su posición como monja y religiosa no era ciertamente la más llana para sacar adelante aspiración tan esencial, ni podía disponer ella de los instrumentos y contactos, por limitados que fueran, que tenía a su disposición Sigüenza. De él, hay quien dice que nunca creyó en la divulgación científica expresada en bellas letras y hermoso estilo, aun demostrando, en muchas ocasiones, ser por entero y totalmente hombre de cultura; y por lo tanto, nunca mezcló, las dos vocaciones: la artística y la científica.

Además de su amistad con Sigüenza y Góngora, Sor Juana cultivó relaciones amistosas, personalmente o por correspondencia, con otros hombres de letras, pero ninguno ejerció sobre ella tan poderosa influencia y supo apreciarla mejor que don Carlos, ni a ningún otro admiró y quiso tanto la monja. Estas relaciones la alimentaron espiritualmente, después de sus libros, con los que tuvo siempre "intimo y familiar comercio", pero a los que les faltaba el calor humano y la retroalimentación del maestro. Ella plasmaría su queja en el papel:

"Yo confieso que me hallo muy distante de los términos de la sabiduría y que la he deseado seguir, aunque a 'longe'. Pero todo ha sido acercarme más al fuego de la persecución, al crisol del tormento; y ha sido con tal extremo que han llegado a solicitar que se me prohíba el estudio.
"Una vez lo consiguieron como una Prelada muy santa y muy cándida que creyó que el estudio era cosa de Inquisición y me mandó que no estudiase. Yo le obedecí (unos tres meses que duró el poder ella mandar) en cuanto a no tomar libro, que en cuanto a no estudiar absolutamente, como no cae debajo de mi potestad, no lo pude hacer, porque no estudiaba en los libros, estudiaba en todas las co-

sas que Dios crió, sirviéndome ellas de letras y de libro toda esta máquina universal. Nada veía sin reflexa; nada oía sin consideración; aun en las cosas más menudas y materiales; porque como no hay criatura, por baja que sea, en que no se conozca el *me fecit Deus*, no hay alguna que no pasme el entendimiento, si se considera como se debe. Así yo, vuelvo a decir, las miraba y admiraba todas; de tal manera que de las mismas personas con quienes hablaba, y de lo que me decían, me estaban resultando mil consideraciones. ¿De dónde emanaría aquella variedad de genios e ingenios, siendo todos de una especie? ¿Cuáles serían los temperamentos y ocultas cualidades que lo ocasionaban? Si veía una figura, estaba combinando la proporción de sus líneas y midiéndola con el entendimiento y reduciéndola a otras diferentes. Paseábame algunas veces en el testero de un dormitorio nuestro (que es una pieza muy capaz) y estaba observando que siendo las líneas de sus dos lados paralelas y su techo a nivel, la vista fingía que sus líneas se inclinaban una a otra y que su techo estaba más bajo en lo distante que en lo próximo: de donde infería que las líneas visuales corren rectas, pero no paralelas, sino que van a formar una figura piramidal. Y discurría si sería ésta la razón que obligó a los antiguos a dudar si el mundo era esférico o no. Porque, aunque lo parece, podía ser engaño de la vista, demostrando concavidades donde pudiera no haberlas."

Su inquietud intelectual, llevaba a la musa a buscar otra forma de adquirir conocimientos. Sor Juana escribiría al respecto:

"*Este modo de reparos en todo me sucedía, y sucede siempre sin tener yo arbitrio en ello, que antes me suelo enfa-*

dar porque me cansa la cabeza; y yo creía que a todos sucedía lo mismo, y al hacer versos, hasta que la experiencia me ha demostrado lo contrario: y es de tal manera esta naturaleza o costumbre, que nada veo sin segunda consideración. Estaban en mi presencia dos niñas jugando con un trompo y, apenas yo vi el movimiento y la figura, cuando empecé, con toda esta mi locura, a considerar el fácil motu de la forma esférica; y cómo duraba el impulso ya impreso e independiente de su causa, pues distante la mano de la niña, que era la causa motiva, bailaba el trompillo: y no contenta con esto, hice traer harina y cernerla para que, en bailando el trompo, encima, se conociese si eran círculos perfectos o no los que describía con su movimiento: y hallé que no eran sino unas líneas espirales que iban perdiendo lo circular cuando se iba remitiendo el impulso. Jugaban, otras, a los alfileres (que es el más frívolo juego que usa la puerilidad); yo me llegaba a contemplar las figuras que formaban; y viendo que acaso se pusieron tres en triángulo, me ponía a enlazar uno en otro, acordándome que aquella era la figura que dicen tenía el misterioso anillo de Salomón, en que había unas lejanas luces y representaciones de la Santísima Trinidad, en virtud de lo cual obraba tantos prodigios y maravillas; y la misma dicen tuvo el arpa de David y que por eso sonaba Saúl a su sonido; y casi la misma conservan las arpas en nuestros tiempos".

En sus ansias de investigación y experimentación, en su insaciable curiosidad científica Sor Juana analiza todo y todo lo escribe. Hasta a la cocina llega su afán de investigar:

"Pues ¿qué os pudiera contar, señora, de los secretos naturales que he descubierto estando guisando? Veo que

un huevo se une y fríe en la manteca o aceite, y, por contrario, se despedaza en el almíbar; ver que para que el azúcar se conserve fluida basta echarle una muy mínima parte de agua en que haya estado membrillo y otra fruta agria; veo que la yema y clara de un mismo huevo son tan contrarias, que en los unos, que sirven para el azúcar, sirve cada una de por sí y juntos no. Por no cansaros con tales frialdades, que sólo refiero por daros entera noticia de mi natural y creo que os causará risa; pero, señora, ¿qué podemos saber las mujeres sino filosofías de cocina? Bien dijo Lupercio Leonardo: que bien se puede filosofar y aderezar la cena. Y yo suelo decir viendo estas cosillas: Si Aristóteles hubiera guisado, mucho más hubiera escrito. Y prosiguiendo en mi modo de cogitaciones, digo que esto es tan continuo en mí, que no necesito de libros; y en una ocasión que, por un grave accidente de estómago, me prohibieron los médicos el estudio, pasé así algunos días, y luego les propuse que era menos dañoso el concedérmelos porque eran tan fuertes y vehementes mis cogitaciones que consumían más espíritus en un cuarto de hora que el estudio de los en cuatro días; y así se redujeron a concederme que leyese; y más, señora mía, que ni aun el sueño se libró de este continuo movimiento de mi imaginativa; antes suele obrar en él más libre y desembarazada, confiriendo con mayor claridad y sosiego las especies que ha conservado del día: arguyendo, haciendo versos, de que os pudiera hacer un catálogo muy grande, y de algunas razones y delgadezas que he alcanzado dormida, mejor que despierta; y las dejo por no cansaros, pues basta lo dicho para que vuestra discreción y trascendencia penetre y se entere perfectamente en todo mi natural y del principio, medios y estado de mis estudios".

Dicen las crónicas de sus contemporáneos que Sor Juana se enfermaba con frecuencia. Quizá le afectaba su intensa y exaltada vida interior y esto repercutía en su salud. Pero hay quien califica su hiperactividad intelectual como un problema psicológico:

"Su vida debió de ser un tormento acrecentado por su complejidad psicológica"; e incluso, hay quien se ha atrevido a sugerir que era "anormal en cuanto a su sexualidad" (se negó al matrimonio). Pero sus críticos más prestigiados y más confiables la proclaman como una mujer extraordinariamente inteligente, adelantada a su época: la primera feminista latinoamericana.

Los Sueños

Para completar la semblanza de Sor Juana y entender mejor su psicología no se puede pasar por alto el extraordinario testimonio de su *Primero Sueño*; poema desconcertante y a la par admirable, 'cuya misma forma corresponde con el más atinado acierto, al estado mental aparentemente caótico que representa, y contribuye también a interpretarlo'. Una atenta lectura y el previo conocimiento de la personalidad de la autora llevan a la convicción de que expresa pasajes esenciales, en efecto soñados por la propia Sor Juana, y aun en su propio sueño razonados, como ella los razona en su poema.

Este conjunto de versos intitulado *Primero Sueño* es 'una atrevida invención literaria que pone de manifiesto el espíritu científico de Sor Juana'. La coherencia de sus propósitos y su extraordinaria claridad mental se revelan también en esta obra de manera notable. Sor Juana hace sus referencias en dos campos: en el primero, a la noche, al cosmos, a los cuatro elementos naturales, a las esferas celestes y al sistema planetario; y en segundo lugar; en la descripción de los comportamientos del cuerpo humano durante las diversas fases del dormir, hasta los sucesivos síntomas del sueño y, por lo contrario, del gradual aunque rápido proceso del despertar por la mañana. Algunos historiadores sitúan este poema en la etapa precoz de la musa. *Primero Sueño* es un extraordinario poema en forma de silva de 975 versos en el que rivaliza con el Góngora de las *Soledades*, y del que ella misma dijo: "No me acuerdo de haber escrito por mi gusto sino un papelillo que llaman *El Sueño*".

> *"...ni aún el sueño se libró de este continuo movimiento de mi imaginativa: antes suele obrar en él más libre y desembarazada, confiriendo con mayor claridad y sosiego las especies que ha conservado, del día; arguyendo, haciendo versos..."*

La música

Su enorme interés por estudiar todas las cosas, por las ciencias concretas, llevaba a Sor Juana a coleccionar en su celda del Convento de San Jerónimo numerosos libros, instrumentos astronómicos e instrumentos musicales. Como todo le interesaba y "de admirarlo todo", —como ella misma decía—, experimentó en un campo al que también la conducía su oído a la hora de marcar el ritmo y crear sus versos: el mundo de la música. En su afán de relacionarlo todo, mezcló, desde luego, cuanto de música investigó con cuanto ya sabía, y acostumbrada a compartirlo todo con los demás, convirtió "su saber y sus pensares en materia de música" en un método práctico de enseñanza que fue muy elogiado por quienes lo conocieron.

La virreina Leonor quiso conocer el famoso método pero

Sor Juana se excusó argumentando que aún estaba inconcluso, y modesta como era la musa, "envolvió la excusa en símiles, y en una cantidad innumerable de hilos diáfanos, de conceptos y de sutiles recuerdos de sus lecturas y cogitaciones, enredados unos con otros en la maraña de las teorías y de los problemas que entonces quebraban el pensamiento de los músicos, alejados un tanto cuanto de la filosofía."

Dice el padre Diego Calleja, su biógrafo, que pareciendo a ésta "que las ciencias que había estudiado no podían ser de provecho" a su familia religiosa, a sus carísimas hermanas del convento, para agradecerles "el hospedaje cariñoso que todas le hicieron, estudió el arte" de la música, muy a propósito; y refiriéndose al tratado que escribió, agrega que alcanzó dicho arte "con tal facilidad, que compuso otro nuevo y más fácil" método, "en que se llega a su perfecto uso, sin los rodeos del antiguo"; "obra, de los que esto entienden, tan alabada, que bastaba ella sola, dicen, para hacerla famosa en el mundo".

Refiriéndose el padre Calleja al Tratado que Sor Juana escribió después, escribiría:

> Para ver si reducía
> a mayor facilidad
> las reglas que andan escritas.

A este método lo llamó *El Caracol*, de acuerdo con la teoría de a música:

> "...que es una línea espiral
> no un círculo la armonía
> y por razón de su forma,
> revuelta sobre sí misma,

la intitulé el caracol,
porque esa revuelta hacía.

El Tratado de Música de Sor Juana estuvo guardado por más de dos siglos, primero, en el convento jerónimo, y luego, en casa de los parientes de una de las religiosas que sobrevivió a la monja, y que se refugió con su familia cuando el convento, como los demás que había en México, fue clausurado al decretarse en el país las Leyes de Reforma. Esta venerable religiosa también rescató algunos objetos del Convento; sin embargo, todo se perdió en una de las tantas revueltas políticas que sufrió el país.

Los años fecundos

En el año 1673 termina su gobierno el marqués de Mancera y decide regresar a España. Doña Leonor, la virreina, se despide de sor Juana y su despedida es definitiva porque a los pocos días se enferma gravemente y muere en el camino a Veracruz. La lacónica noticia trastornó a la comunidad del Convento y a Sor Juana en particular, quien le dedicó tres sonetos transidos de dolor. Contaba sor Juana 23 años de edad.

El nuevo virrey, don Pedro Nuño Colón de Portugal, duque de Veragua, marqués de Jamaica, grande de España, caballero de Toisón de Oro, era un hombre muy anciano y enfermo que sobrevivió sólo seis días. Sor Juana le compuso "tres sonetos churriguerescos y frágiles: uno por cada dos días de los que gobernó. Le sucedió fray Payo Enríquez de Rivera, Arzobispo de México, amigo de la monja, quien gobernó con rigidez y austeridad durante seis años.

En 1680 anunció su llegada el vigésimo octavo virrey de Nueva España: Tomás Antonio de la Cerda y Aragón, conde de Paredes y marqués de La Laguna. Para la ocasión, el Cabildo Eclesiástico encomendó a Sor Juana la redacción de la leyenda destinada al arco triunfal que se colocaría a la entrada de la ciudad para darle la bienvenida. En este arco, cuya descripción en prosa intituló la poetisa *Neptuno Alegórico*, colaboraron los artistas y personalidades más famosos de la época, entre los que se encontraba don Carlos de Sigüenza y Góngora, quien había sido designado para diseñarlo y dirigir las ceremonias. Don Carlos eligió al mejor artista del pincel que había en Nueva España en ese tiempo, don José Rodríguez Carnero, para que pintara unas enormes 'mantas' alegóricas, y a la mejor poetisa, a su dilecta y admirada amiga, para que escribiera la descripción oficial de aquel magno homenaje a Sus Excelencias los condes de Paredes.

Sor Juana había podido descansar seis años de sus quehaceres cortesanos cuando fray Payo, el virrey-arzobispo, estuvo al mando del gobierno, y la ciudad había sacudido su frivolidad cortesana, viviendo una época austera y hasta recatada. Ahora, con los nuevos virreyes, regresaba el lujo y el fausto, y sobre todo las grandes y espléndidas fiestas. Volverían los saraos y las celebraciones, las representaciones profanas, por lo que el pueblo tendría ocasión de asistir a comedias de entretenimiento. Para entonces, no en vano la musa se había ganado totalmente la admiración y el respeto de sus contemporáneos por su prodigioso talento, y una vez más estaba en la cima de la corte novohispana con los nuevos virreyes que, enseguida, le brindaron su amistad y protección. Precisamente en el periodo de gobierno del conde de Paredes, Sor Juana escribió *Los empeños de una casa*, su comedia más frívola.

De nuevo le era imposible permanecer aislada en su retiro, como lo anhelaba, para replegarse en sí misma. El mundo exterior la retenía a medida que se hacían más conocidas su obra y su inteligencia, y no se daba abasto para contestar la numerosa correspondencia que le llegaba de todas partes. Además, la visitaban constantemente en el locutorio del Convento importantes personalidades de la época, como don Fernando de Valenzuela, marqués de Villasierra, quien era favorito de la reina Mariana de Austria, y otros personajes de Europa. Sor Juana se había convertido otra vez en la asesora, consultora y consejera oficial de la corte. Uno de sus biógrafos cuenta que el padre Manuel de Arguello, "muy conocido por su habilidad en la escolástica", se acercó a ella para que le aconsejara respecto a una tesis que debía sostener en la Universidad, y "obtuvo tan admirables datos y noticias de investigaciones que sobre el asunto ella había hecho, que pudo salir airoso del certamen aquella misma tarde, no sin declarar, honradamente, que a la sabia monja debía su éxito". Éste es solo un ejemplo.

Pero no por cumplir con los asuntos de la corte Sor Juana descuidaba su comunidad religiosa. "Fue archivista y contadora del Convento por un periodo aproximado de nueve años, y no quiso aceptar el cargo de Priora". Su capacidad de trabajo fue tal que pudo dedicarse a múltiples actividades sin transgredir la estricta disciplina de la Orden. No faltó nunca a sus prácticas espirituales, ni dejó de cantar un solo día en el coro y la convivencia con sus 'carísimas' hermanas fue siempre afable. A pesar de todas sus ocupaciones, tampoco interrumpió su producción literaria en los veintisiete años que permaneció en el Convento.

La musa no desaprovechaba un solo momento, ni en sus horas de sueño, pues de noche, dormida sólo en apariencia, ponía a trabajar su imaginación y su mente. Según ella, descansaba cambiando una actividad por otra, pues aparte de su vocación fundamental que fue ser intelectual, y de sus deberes religiosos, tuvo otras aficiones como la pintura y la composición musical. Retrató a la condesa de Paredes e hizo su propio autorretrato al óleo, y en cuanto a sus dotes musicales, escribió su Tratado y compuso la música de sus cantables, villancicos y demás composiciones corales. Promovió también la educación integral que ella misma se procuró. Es decir, Sor Juana fue maestra y discípula de su propio método pedagógico. Examinemos, pues, sus propias *confesiones* al respecto:

"Y así, por tener algunos principios granjeados, estudiaba continuamente diversas cosas, sin tener para alguna particular inclinación, sino para todas en general; por lo cual, el haber estudiado en una más que en otras, no ha sido en mí elección, sino que el acaso de haber topado más a mano libros de aquellas facultades les he dado, sin arbitrio mío, la preferencia. Y como no tenía interés que me moviese, ni límite de tiempo que me estrechase el continuado estudio de una cosa, por la necesidad de los grados, casi a un tiempo estudiaba diversas cosas o dejaba unas por otras; bien que en eso observaba orden, porque a unas llamaba estudio, y a otras, diversión; y en éstas descansaba de las otras de donde se sigue que he estudiado muchas cosas y nada sé, porque las unas han embarazado a las otras. Es verdad que esto digo de la parte práctica en las que la tienen, porque claro está que, mientras se mueve la pluma, descansa el compás; y mientras se toca el arpa sosiega el órgano, et sic de caeteris; porque como es menester mucho uso corporal para adquirir hábito, nunca le puede tener perfecto quien se reparte en varios ejercicios; pero en lo formal y especulativo sucede al contrario, y quisiera yo persuadir a todos con mi expe-

riencia a que no sólo no estorban, pero se ayudan dando luz y abriendo caminos las unas para las otras, por variaciones y ocultos engarces, que para esta cadena universal les puso la sabiduría de su autor; de manera que parece se corresponden y están unidas con admirable trabazón y concierto."

"Y cuando dicen que los expositores son como la mano abierta y los escolásticos como el puño cerrado: y así no es disculpa, ni por tal la doy, el haber estudiado diversas cosas, pues éstas antes se ayuda, sino que el no haber aprovechado ha sido ineptitud mía y debilidad de mi entendimiento, no culpa de la variedad. Lo que sí pudiera ser descargo mío es el sumo trabajo no sólo en carecer de maestro, sino de condiscípulos con quienes conferir y ejercitar lo estudiado, teniendo sólo por maestro un libro mudo, por condiscípulo un tintero insensible, y en vez de explicación y ejercicio muchos estorbos, no sólo los de mis religiosas obligaciones (que éstas ya se sabe cuán útil y provechosamente gastan el tiempo) sino de aquellas cosas accesorias de una comunidad; como estar yo leyendo y antojárseles en la celda vecina tocar y cantar; estar yo estudiando y pelear dos criadas y venirme a constituir juez de su pendencia; estar yo escribiendo y venir una amiga a visitarme haciéndome muy mala obra con su buena voluntad; donde es preciso no sólo admitir el embarazo, pero quedar agradecida del perjuicio. Y esto es continuamente, porque como los ratos que destino a mi estudio son los que sobran, de lo regular, de la comunidad, esos mismos le sobran a las otras para venirme a estorbar; y sólo saben cuánta verdad es ésta los que tienen experiencia en la vida común, donde sólo la fuerza de la vocación puede hacer que mi natural esté gustoso, y el mucho amor que hay entre mí y mis amadas hermanas,

que como el amor es unión, no hay para él extremos distantes."

Los certámenes literarios

En el año de 1683 se llevaron a cabo unos certámenes literarios como parte de las festividades religiosas en honor de la Inmaculada Concepción de María. El encargado de organizar tales certámenes fue don Carlos Sigüenza y Góngora, a quien se le entregaron todas las composiciones y que después él compilaría en su libro *Triunfo Parthénico* en donde describe los festejos.

En este libro que la crítica califica como "una verdadera crónica barroca de las manías literarias de le época", aparecen dos poemas de Sor Juana. El primero es una glosa a una cuarteta de Góngora y lo firma Sor Juana con el pseudónimo de 'Bachiller Felipe de Salaizes Gutiérrez'. Este trabajo mereció el tercer lugar. Para el otro, que es un romance en elogio del virrey, firmado bajo el pseudónimo de Juan Sáenz del Cauri (anagrama de su nombre), hubo también mención.

A pesar de sus múltiples ocupaciones —que ya hemos mencionado—, Sor Juana siempre se dio tiempo para participar en concursos literarios, lo que seguramente estimuló su femenino espíritu competitivo, tan adelantando a su época. Si intervino en ellos de forma encubierta, tal vez fue porque consideraba que su condición de mujer era un obstáculo para el triunfo, o quizá, sólo lo hizo como travesura. Como haya sido, el hecho es que gracias a ello nos legó de esa época unas extraordinarias creaciones literarias.

La musa no dejaba de interesarse con franca vehemencia en todo cuanto la rodeaba. Seguía viviendo, pese a su enclaustramiento puramente convencional, en el centro de su mundo, el mexicano, y pendiente de lo que acontecía en toda la humanidad. Desde su celda vislumbraba el universo, que ella intuía extraordinario y maravilloso, y desde ahí "tendía la mirada sobre la corte, el imperio, la iglesia, el pueblo, sobre toda la vida social de la colonia"; y más allá, sobre la ciencia aún incipiente en América, pero real y avasalladora en la Europa de Descartes. Gracias a las constantes visitas de virreyes, prelados, intelectuales de la época en el locutorio del Convento, Sor Juana nunca perdió contacto con el mundo exterior

Mas llegó el día en que el gobierno del conde de Paredes y marqués de Laguna llegó a su fin (1686), sustituyéndole don Melchor Portocarrero Lasso de la Vega, conde de Monclova. Los condes de Paredes permanecieron dos años más en México y cuando finalmente partieron rumbo a España, terminó para Sor Juana, quizá, la mejor etapa de su vida. En ese tiempo había triunfado en certámenes, con sus obras literarias y en la representación de *Los Empeños de una Casa*; con su *Primer Sueño* y sus impecables y calderonianos autos sacramentales *El Divino Narciso* y *San Hermenegildo*. En esa época se preparaba también la primera edición de las poesías de la Décima Musa (a petición de la condesa de Paredes), edición que saldría a luz en España en 1689. La escritora mexicana vivió su periodo de mayor producción literaria entre los años 1680 y 1688, en la que abundan los sonetos, endechas, glosas, quintillas, décimas, redondillas, ovillejos amorosos, religiosos, filosóficos y satíricos, numerosos romances, comedias, autos sacramentales y otras composiciones.

Dos años duró el gobierno del conde de Monclova. El 4 de diciembre de 1688 lo sustituyó el virrey don Gaspar de Silva y Sandoval, conde de Galve, quien acompañado de su esposa, doña Elvira de Toledo, entró a la ciudad con los acostumbrados honores y fastuosas celebraciones de bienvenida. Para el cumpleaños del nuevo virrey se le pidió a la poetisa oficial de la corte que escribiera una comedia de entretenimiento. No se sabe a ciencia cierta por qué Sor Juana sólo escribió el primer acto, encargándose del segundo el abogado don Juan de Guevara.

Se cree que por esas fechas (principios de 1689) la salud de Sor Juana se hallaba quebrantada, o bien, se sentía agotada a causa de los constantes desvelos que ella misma se imponía en su trabajo intelectual; sin embargo, en medio de sus estudios científicos y teológicos, y de sus deberes religiosos, surgió un hecho que cambiaría el giro de la vida espiritualmente accidentada de la inquieta monja y que le provocaría lo que se ha llamado *Crisis de un Sermón*. Ésta es la historia:

Crisis de un Sermón

"Entre el año de 1642 y 1652 el jesuita portugués Antonio de Vieyra había predicado en la Capilla Real de Lisboa, su *Sermón del Mandato*. En él hizo una rememoración del célebre "Mandato de Cristo a sus discípulos", que aparece en el Evangelio de San Juan (XIII, 34) y que inicia con las palabras: "Un nuevo mandamiento os doy..." Vieyra había hecho una exégesis de ese pasaje analizando cuál había sido la mayor fineza de Cristo, es decir, cuál había sido su más alta prueba de amor por el género humano. Pero antes de exponer su propia teoría, Vieyra rebatió la tesis sobre la fineza más grande que habían sostenido San Agustín, Santo Tomás y San Juan Crisóstomo. Después de refutarlos afirmó que la fineza mayor había sido no desear para Él (Cristo) nuestro amor a cambio del suyo, sino que nos amásemos los unos a los otros como una prueba del amor que nos tuvo. El padre Vieyra, por su elocuencia, había sido llamado el Cicerón lusitano y 'príncipe de los predicadores católicos de su tiempo'.

Cuarenta años más tarde, en el locutorio del convento de San Jerónimo, Sor Juana Inés de la Cruz, la monja mexicana, rebatía duramente en "las bachillerías de una conversación" la tesis del famoso retórico lisboeta. Defendió las teorías de los tres padres de la Iglesia refutados por Vieyra, y demostró, con lógica impecable e implacable, que su tesis no era inferior en valor a la de San Agustín, Santo Tomás y San Juan Crisóstomo, sino incluso a su propia teoría, en la que sostenía que la mayo fineza de Cristo fue no hacernos ninguna fineza; tesis que Sor Juana resume en los siguientes términos: "Más le cuesta a Dios el no hacernos beneficios, que no el hacérnoslos, y, por consiguiente, mayor fineza es el suspenderlos que el ejecutarlos".

"Compelida la hermana Juana Inés por ajenas instancias, puso en letras de carta sus opiniones y las hizo circular de mano en mano, hasta que llegaron a las del obispo de Puebla, don Manuel Fernández de Santa Cruz y Sahagún, 'clarificador agudo y profuso de los enigmas sagrados', quien las hizo publicar en carta que bautizara *Atenagórica*, es decir de Palas Atenea (Minerva). La *Atenagórica* iba precedida de otra, escrita por el obispo con el seudónimo de *Sor Filotea de la Cruz* y dirigida a Sor Juana, epístola donde se trasluce la admiración del prelado por la monja jerónima, pero donde se la reconviene por su poco celo eclesiástico y su mucha, y no del todo bien aprovechada, sabiduría profana."

De Sor Filotea para Sor Juana

La famosa carta de Sor Filotea empieza por declarar que "ha admirado la crítica que ella (Sor Juana) hizo del sermón del Padre Vieyra, particularmente por la claridad de su exposición" y que la había hecho imprimir para que su autora (Sor Juana) "reconozca los tesoros que Dios depositó en su alma, y le sea, como más entendida, más agradecida". Cuando el obispo la llevó a la imprenta, declaró que la remitía "Filotea de la Cruz, su estudiosa aficionada en el convento de la Santísima Trinidad, de la Puebla de los Ángeles," y veló así su autoridad, su nombre y su oficio. Dice en ella a Sor Juana, a propósito de sus dotes intelectuales que tanto pondera, que, puesto que "quien más ha recibido de Dios está obligado en la cuenta", ella, Sor Filotea de la Cruz, teme se halle Vuestra Merced (Sor Juana) alcanzada en la cuenta, pues pocas criaturas deben a su Majestad mayores talentos en lo natural"; y agrega "que si hasta aquí los ha empleado bien, que así lo debe creer de quien profesa tal religión, en adelante sea mejor".

Le dice también que 'la estudiosa aficionada' (el obispo) apunta "el riesgo de elación de nuestro sexo (el obispo habla fingiendo ser mujer) propenso siempre a la vanidad"; (como si Sor Juana se excusara una y otra vez por haber escrito su juicio sobre el sermón del padre Vieyra, y explicara que lo hizo por obediencia); a pesar de lo cual, le recuerda que "en la casa de Abraham no convenía que Sara fuese señora, cuando tenía empleo de súbdita"; le señala que no pretende que "mude el genio, renunciando los libros", sino que "le mejore, *leyendo alguna vez el de Jesucristo*".

Además, la supuesta Sor Filotea de la Cruz (el obispo) le dice a Sor Juana, respecto al juicio crítico (*Atenagórica*) —que él mismo acababa de publicar, y donde ella cita a San Agustín, a San Lucas, a San Juan, el Génesis, el libro de Esther, las Epístolas de San Pablo a los Corintios, San Mateo, Santo Tomás, el Éxodo, las Epístolas de San Pablo a los Colosenses, los Salmos de David, los Libros de los Reyes y las Homilías de San Gregorio, todo en latín y claramente expuesto—, que "mucho tiempo ha gastado Vuestra Merced en el estudio de filósofos y poetas; ya será razón que se perfeccionen los empleos y que se mejoren los libros". Y cuando Sor Juana, sin mencionar ni a poetas ni a filósofos, describe en su crítica el Amor Divino, el obispo utiliza sus mismas palabras para replicar que "ciencia que no alumbra para salvarse, Dios que todo lo sabe, la califica por necedad".

Después de tan radical y rotunda condenación de cuanto no sean los libros sagrados, el obispo añade: "no repruebo por esto la lección de estos autores profanos; pero digo a Vuestra Merced lo que aconsejaba Gersón: préstese Vuestra Merced; no se venda ni se deje robar de estos estudios; esclavas son las letras humanas, y suelen aprovechar a las divinas". Y refiriéndose a las obras de Sor Juana le señala: "no es poco el tiempo que ha empleado Vuestra Merced en estas ciencias curiosas", agregando, además: "pase ya, como el gran Boecio, a las provechosas, juntando a las sutilezas de la natural, la utilidad de una filosofía moral".

El obispo Fernández de Santa Cruz (Sor Filotea) continúa su perorata: "Lástima es que un tan grande entendimiento, de tal manera se abata a las rastreras noticias de la Tierra, que no desee penetrar lo que para en el Cielo". "Lástima es que "ya que se humilla al suelo, no baje más abajo, considerando lo que pasa en el Infierno". Incita a Sor Juana a que dedique su ingenio a los asuntos sagrados: "¡Oh, qué útilmente se engolfará ese rico galeón de su ingenio, en la alta mar de las perfecciones divinas! Estoy muy cierta y segura que si Vuestra Merced, con los discursos vivos de sus entendimientos, formase y pintase una idea de las perfecciones divinas... al mismo tiempo se vería ilustrada de luces su alma y abrazada voluntad, y dulcemente herida de amor de su Dios... para que este Señor, que ha llovido tan abundantemente beneficios positivos en lo natural, sobre Vuestra Merced, no se vea obligado a concederle beneficios solamente negativos, en lo sobrenatural que, por más que la discreción de Vuestra Merced los llame finezas, yo los tengo por castigos, porque sólo es beneficio el que Dios hace al corazón humano, previniéndole con su gracia, para que le corresponda agradecido: disponiéndole con un beneficio reconocido, para que no entorpecida la liberalidad divina se los haga mayores"; pasando lo cual, y volviendo al fin a su natural bondad y a su nombre de Sor Filotea de la Cruz, el obispo concluye: "Esto desea a Vuestra Merced quien, desde su alma, sin que se haya entibiado este amor por la distancia ni el tiempo, porque el amor espiritual no padece achaques de mudanzas, ni las reconoce el que es puro, si no es hacia el crecimiento: Su Majestad oiga mis súplicas, y haga a Vuestra Merced muy santa; y me la guarde en toda prosperidad.

Deste Convento de la Santísima Trinidad de la Puebla de los Ángeles, en noviembre 25 de 1690, besa la mano de Vuestra Merced, su afecta servidora, Filotea de la Cruz.

La Carta Atenagórica, precedida por la carta de sor Filotea, se publicó inicialmente en 1690, en opúsculo, en Puebla, donde se imprimían pocos escritos. Dos años después, en 1692, se imprimió en Mallorca una segunda edición. Más tarde la *Carta* sería incluida en el *Segundo volumen de las obras de Sor Juana Inés de la Cruz*.

La respuesta a Sor Filotea

Sor Juana empieza su *Respuesta a Sor Filotea de la Cruz* excusándose porque habían pasado poco más de tres meses sin que ella le contestara. Enseguida la ilustre monja aclara que siente "gran reverencia por el insigne varón" (el padre Vieyra) y da tres razones que comprueban esa reverencia y el "especial amor" que siente por él: la primera, el cordialísimo y filiar cariño que ella tenía a la Sagrada Religión del padre Vieyra, es decir, a su Orden, la Compañía de Jesús, de la que decía: "en el afecto no soy menor hija que dicho sujeto". La segunda, "la gran afición que este admirable pasmo de los ingenios me ha siempre debido; en tanto grado que suelo decir (y lo siento así), que si Dios me diera a escoger talentos, no eligiera otro que el suyo". Y la tercera, el "que a su generosa nación tengo oculta simpatía; que juntas (las tres razones) a la general, de no tener espíritu contradictorio, sobraban para callar, como lo hiciera, a no tener contrario precepto".

Ésta es la carta, está fechada el 1º de marzo de 1691 y dice así:

"Muy ilustre Señora, mi señora":

"No mi voluntad: mi poca salud y mi justo temor han suspendido tantos días mi respuesta. ¡Qué mucho si al primer paso encontraba, para tropezar, mi torpe pluma, dos imposibles! El primero, y para mí el más riguroso, es saber responder a vuestra doctísima, discretísima, santísima y amorosísima carta.

"El segundo, es saber agradeceros tan excesivo como no esperado favor, de dar a las prensas mis borrones; merced tan sin medida, que aun se le pasara por alto a la esperanza más ambiciosa y al deseo más fantástico...

"Cuando la felizmente estéril, para ser milagrosamente fecunda, madre del Bautista vio en su casa tan desproporcionada visita como la Madre del Verbo, se le entorpeció el entendimiento y se le suspendió el discurso, y

así, en vez de agradecimientos, prorrumpió en dudas y preguntas: Et unde hoc mihi? ¿De dónde a mí viene tal cosa?... *Así yo diré: ¿De dónde, Venerable Señora, de dónde a mí tanto favor? ¿Por ventura soy más que una pobre monja, la más mínima criatura del mundo y la más indigna de ocupar vuestra atención?... No es afectada modestia, Señora, sino ingenua verdad de toda mi alma; que al llegar a mis manos impresa la carta, que vuestra propiedad llamó Atenagórica, prorrumpí (con no ser esto en mí muy fácil), en lágrimas de confusión, porque me pareció que vuestro favor no era más que una reconvención que Dios hace a lo mal que le correspondo, y que, como a otros corrige con castigos, a mí me quiere reducir a fuerza de beneficios, cuando esto considero acá, a mis solas, suelo decir: Bendito seáis vos Señor, que no sólo quisisteis en manos de otra criatura el juzgarme, y que ni aun en la mía lo pusisteis, sino que lo reservasteis a la Vuestra, y me librasteis a mí de mí y de la sentencia que yo misma me daría, que, forzada de mi propio conocimiento, no pudiera ser menos que de condenación, y os la reservasteis a Vuestra Misericordia, porque me amáis más de lo que yo me puedo amar...*

"Perdonad, Señora mía, la digresión, que me arrebató la fuerza de la verdad; para buscar refugios, para huir la dificultad de responder, cuasi me he determinado a dejarlo en silencio. Es cosa negativa... aunque explica mucho con el énfasis de no explicar, es necesario ponerle algún breve rótulo, para que se entienda lo que se pretende que el silencio diga; que si no, dirá nada el silencio, porque ése es propio oficio, decir nada".

Sor Juana prosigue, citando la Segunda Epístola de San Pablo a los Corintios:

"Fue arrebatado el Sagrado Vaso de Elección al tercer cielo; y habiendo visto los arcanos secretos de Dios, dice: Audivit arcana Dei, quae non licet hómini loqui. (Oyeron los arcanos de Dios, que no es lícito al hombre revelar). No dice lo que vio; pero dice, que no lo puede decir; de manera que aquellas cosas que no se pueden decir; para que se entienda que el callar no es no haber qué decir, sino no caber en las voces, lo mucho que hay que decir... Así yo, Señora mía, sólo responderé, que no sé qué responder; ... y diré, por breve rótulo se lo dejo al silencio, que sólo con la confianza de favorecida, y con los valimientos de honrada, me puedo atrever a hablar con Vuestra Grandeza...*

Y continúa ¿humildemente?:

"Ya no me parecen imposibles, los que puse al principio, a vista de lo que me favorecéis, porque quien hizo imprimir la carta, tan sin noticia mía; quien la intituló, quien la costeó, quien la honró tanto, siendo de todo indigna, ¿qué no hará? ¿qué no perdonará? ¿qué no dejará de hacer? ¿y qué dejará de perdonar? Y así, debajo del supuesto de que hablo con el salvo conducto de vuestros favores, y debajo del seguro de vuestra benignidad... digo que recibo en mi alma vuestra santísima amonestación, de aplicar el estudio a Libros Sagrados; que aunque viene en traje de consejo, tendrá en mí, sustancias de precepto...

Le dice que "como otro Asuero", le ha "dado a besar la punta del cetro de oro de 'su' cariño", en señal de concederle "benévola licencia para hablar..."

"Os confieso, con la ingenuidad que ante vos es debida, y con la verdad y claridad que en mí siempre es natural

y costumbre, que el no haber escrito muchos asuntos sa-
grados, no ha sido desafición, ni de aplicación, la falta,
sino sobra de temor; y reverencia debida a aquellas Sa-
gradas Letras, para cuya inteligencia yo me conozco tan
incapaz, y para cuyo manejo soy tan indigna".

Se excusa por no tratar a menudo otros asuntos. tales
como:

"El ver que aun a los varones doctos se prohíba el leer los
Cantares, hasta que pasaban de treinta años; y aun el
Génesis; éste, por su oscuridad, y aquellos, porque de la
dulzura de aquellos epitalamios no tomase razón la im-
prudente juventud, de mudar el sentido en carnales afec-
tos; mi gran padre San Jerónimo, mandando que sea lo
último que se estudie, por la misma razón".

Dicen sus biógrafos que Sor Juana moderó el tono en
que escribió su carta por "el natural y justo temor al Santo
Oficio, que bien sabía todo el mundo cuán celosamente
cuidaba de reprimir todo lo que pareciese que debía ser
reprimido porque hubiera quien lo señalara como un peli-
gro enderezado contra la pureza de la fe y contra la unidad
mística, social y política de las conciencias de los pueblos".

"Y a la verdad, yo nunca he escrito sino violentada y
forzada y sólo por dar gusto a otros; no sólo sin compla-
cencia, sino con positiva repugnancia, porque nunca he
juzgado de mí que tenga el caudal de letras e ingenio que
pide la obligación de quien escribe; y así es la ordinaria
respuesta a los que me instan, y más si es asunto sagra-
do: ¿Qué entendimiento tengo yo? ¿Qué estudio? ¿Qué
materiales? ¿Ni qué noticias para eso?, sino cuatro ba-

chillerías superficiales: dejen eso para quien lo entienda, que yo no quiero ruido con el Santo Oficio, que yo igno-rante y tiemblo de decir alguna proposición malsonante, o torcer la genuina inteligencia de algún lugar. Yo no estudio para escribir, ni menos para enseñar, que fuera en mí desmedida soberbia, sino sólo por si con estudiar ignoro menos, Así lo respondo y así lo siento."

Sor Juana "no topaba con los asuntos profanos", pues co-mo ella misma decía en su carta al obispo, "una herejía con-tra el arte, no la castiga el Santo Oficio; sino, los discretos, con risa, y los críticos, con censura, y esta, *justa vel injusta, timenda non est...*"

Los nuevos hallazgos

En los últimos años se han descubierto algunos manuscri-tos atribuidos a Sor Juana. Dos de ellos resultan particular-mente interesantes porque revelan un perfil desconocido de la Musa. El historiador mexicano Elías Trabulse publicó en 1996 un documento satírico, muy probablemente autó-grafo de sor Juana; se trata de una *Carta* a su confesor, el padre Antonio Núñez Miranda, que puede datar de 1682 y la *Carta de Serafina de Cristo* dirigida al obispo de puebla, Manuel Fernández de Santa Cruz (1691), el mismísimo Sor Filotea de la Cruz.

La *Carta* al padre Núñez y la de *Sor Serafina de Cristo* descubren una Sor Juana con rasgos psicológicos más com-plejos e inteligencia superior, que no han sido contempla-dos anteriormente en sus diversas biografías. "Nos revelan a la monja jerónima, no sólo como autora de versos o de poemas filosóficos, sino como escritora irónica y mordaz, consciente de su valor y dispuesta a rebatir e incluso a ridiculizar a sus adversarios y críticos".

La recién descubierta Carta de Serafina de Cristo ha permitido también una nueva lectura de la *Atenagórica*. Gracias a ella ahora se sabe que su destinatario final no era el obispo de Puebla, sino el ex-confesor de Sor Juana, el también jesuita Antonio Núñez de Miranda, quien había censurado acremente a Sor Juana por dedicarse a las letras profanas en olvido de sus obligaciones de monja, es decir, de esposa de Cristo que, por ese carácter, debía estar "muerta al mundo".

Parece ser que la abierta hostilidad del padre Núñez de Miranda hacia Sor Juana duró varios lustros y que lejos de apagarse con el tiempo, se intensificó cada vez más con los éxitos literarios de la monja, quien lo soportó con paciencia. No se sabe a ciencia cierta el porqué sus primeros biógrafos desvanecieron y hasta eliminaron todo indicio de la profunda desavenencia y rivalidad entre la monja y su confesor.

Después de 1689, año de aparición de la Inundación Castálida, el libro que situó a Sor Juana en el orbe literario hispánico, la actitud del padre Núñez de Miranda, y en general de todos aquellos poetas novohispanos que se sintieron eclipsados por su fama, fue de marcada hostilidad. Una y otra vez Sor Juana en la *Respuesta a Sor Filotea* habla de sus perseguidores que por envidia la acosaban. Y entre todos ellos figuraba el exconfesor. Así, la *Atenogórica* es, pues, una respuesta teológica no al Sermón de Vieyra sino a Núñez de Miranda. En ella Sor Juana afirma que "la mayor fineza de Cristo fue no hacernos ninguna fineza, es decir, su mayor don fue dejarnos en absoluta libertad. La mayor gracia de Dios es respetar nuestro libre albedrío, nuestra voluntad, de ahí que el auténtico cristiano sea aquel

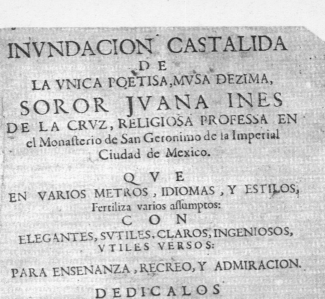

INVNDACION CASTALIDA
DE
LA VNICA POETISA, MVSA DEZIMA,
SOROR JVANA INES
DE LA CRVZ, RELIGIOSA PROFESSA EN
el Monasterio de San Geronimo de la Imperial
Ciudad de Mexico.

QVE
EN VARIOS METROS, IDIOMAS, Y ESTILOS,
Fertiliza varios assumptos:
CON
ELEGANTES, SVTILES, CLAROS, INGENIOSOS,
VTILES VERSOS:

PARA ENSENANZA, RECREO, Y ADMIRACION.

DEDICALOS

A LA EXCEL.ᴹᵃ SEÑORA, SEÑORA D. MARIA
Luisa Gonçaga Manriqua de Lara, Condesa de Paredes,
Marquesa de la Laguna;

Y LOS SACA A LVZ
D. JVAN CAMACHO GAYNA, CAVALLERO DEL ORDEN
de Santiago, Mayordomo, y Cavallerizo que fue de su Excelencia,
Governador actual de la Ciudad del Puerto
de Santa MARIA.

BIBLIOTECA NACIONAL
MEXICO. CON PRIVILEGIO.

EN MADRID: Por JVAN GARCIA INFANZON. Año de 1689.
BIBLIOTECA NACIONAL

Portada de la obra "Inundación Castálica" de Sor Juana Inés de
la Cruz.

que, imitando a Cristo, acepta y respeta la voluntad del
prójimo y no trata de imponerle la suya propia".

Tres siglos después se descubre al verdadero destinatario de la *Atenagórica* en una *Carta* perdida que, con el seudónimo de Serafina de Cristo, Sor Juana le escribió al obispo
de Puebla. Fue hallada en España por un librero de viejo,

94

en medio de un montón de papeles antiguos de asuntos totalmente distintos no relacionados con la Nueva España. Por la fecha se cree que la carta fue escrita en un momento crítico de la vida de Sor Juana y es posible que, por su tono satírico y sus ironías burlonas, ella haya preferido guardarla.

La *Carta de Serafina de Cristo* está fechada en San Jerónimo el 1° de febrero de 1691, y la *Respuesta a Sor Filotea* un mes después; además, en esta última Sor Juana se excusa por haber dejado pasar dos meses sin contestar. Esto podría confirmar la tesis de que la *Carta de Serafina de Cristo* no fue enviada nunca a su destinatario. Por su tono es la contraparte satírica de la *Respuesta a Sor Filotea* y nos revela, en suma, la vena sarcástica de la autora, tanto más peligrosa cuanto que los asuntos que trata, pertenecen a los sagrados espacios de la teología.

Los últimos años

Algo muy grave de carácter verdaderamente trágico tuvo que pasar en el alma de Sor Juana que justifique el total y definitivo cambio en su vida a partir de la *Respuesta a Sor Filotea*. Después de ella, la mujer y la escritora se eclipsan conjuntamente. La monja sobrevivirá tan sólo cuatro años más. Sor Juana consignó en su carta al prelado los mejores datos que se tienen sobre su vida, carácter, gustos, aficiones literarias y aun mortificaciones que éstas produjeron en el claustro; y donde, además, con nobilísima entereza, se declaró en pro de la cultura de la mujer mexicana y sostuvo el derecho de disentir.

De manera simultánea a esta crisis intelectual se opera en su ánimo otra más intensa que es el derrumbe moral de todos sus sueños: el arzobispo Aguiar y Seijas la conmina a deshacerse de su biblioteca (4.000 volúmenes, instrumentos y mapas), para obtener limosnas con su venta.

Esto es lo que dijo su primer biógrafo, el padre Calleja, sobre tan lamentable pérdida:

"La amargura, que más sin estremecer el semblante pasó la Madre Juana, fue deshacerse de sus amados libros, como el que, en amaneciendo el día claro, apaga la luz artificial por inútil. Dejó algunos para el uso de sus hermanas, y remitió copiosa cantidad al arzobispo de México para que, vendidos, hiciese limosnas a los pobres, y aun más que estudiados, aprovechasen a su entendimiento en este uso. Esta buena fortuna corrieron también los instrumentos músicos y matemáticos que los tenía muchos, preciosos y exquisitos. Las preseas y bujerías y demás bienes que aun de muy lejos le presentaban ilustres personajes aficionados a su famoso nombre, todo lo redujo a dinero con que, socorriendo a muchos pobres, compró paciencia para ellos y cielo para sí; no dejó en su celda más que solos tres libritos de devoción y muchos cilicios y disciplinas".

Por lo general, la vida de los habitantes de Nueva España, en la tranquilidad o en el desasosiego, en la pobreza o en la opulencia, estaba en todas sus acciones o sus pasiones transidas de sentimiento religiosos. Los toques de las campanas regulaban la faena diaria y, cuando variaban, era porque anunciaban la presencia de lo extraordinario, de la bendición o la catástrofe. El año de 1691 fue un año distinto: uno de los más negros de la historia del Virreinato. La vida de los novohispanos se había hecho más severa bajo la rígida férula episcopal de Francisco de Aguiar y Seijas, el arzobispo de México, y ese año las campanas de las iglesias y los conventos sonaban más lúgubres que nunca a causa de la miseria, del desastre, de la enfermedad...

Hacía nueve años que el arzobispo Francisco de Aguiar y Seijas estaba al frente de la Iglesia novohispana. Era hombre singular y de extraño carácter, "mezcla de ostentosa filantropía y de intolerancia fanática", que "iba muy ufano por la calle repartiendo limosnas, pagando en las 'boticas' las medicinas que necesitaban los enfermos menesterosos, y consiguiendo dinero, joyas y cuanto podía, para dar de comer a los indios, que por haberse perdido las cosechas de maíz y de trigo en la Meseta Central (a causa de la sequía), estaban amenazados a morir de hambre".

Contaba el arzobispo con la amistad y colaboración de Don Carlos de Sigüenza y Góngora en su caritativa orden, y se cuenta que un día cuando pasaba el prelado por el Hospital del Amor de Dios, don Carlos lo llamó para referirle un milagro. Le dijo que, aunque había mandado grandes cantidades de maíz a los barrios pobres y a los conventos, notaba que, lejos de disminuir, aumentaba lo que tenía en las trojes que estaban a su cuidado. Pero no duró mucho este milagro de la 'multiplicación de los granos' y el 8 de junio de ese año de 1691 tuvo lugar en la ciudad un hecho que el historiador y literato mexicano Artemio de Valle-Arizpe refiere como "el gran tumulto".

El virrey Gaspar de la Cerda Sandoval Silva y Mendoza, conde de Galve había enviado "activos emisarios por pueblos y haciendas para investigar qué cantidades de trigo y de maíz había, y la gente de México tomó estas medidas precautorias como prueba evidente, clarísima, de que se trataba de monopolizar esas semillas para hacer negocio con la necesidad y la desgracia públicas". Éste fue el motivo del gran desorden que presenció don Carlos.

Un grupo de inconformes fue a buscar, primero, al arzobispo, y al no encontrarlo marchó enfurecido al palacio virreinal, donde tampoco se hallaba el virrey, entonces "la plebe con grandes voces decía contra el señor virrey las más atrevidas desvergüenzas y execraciones que jamás se oyeron".

Los inconformes que eran todos indios, se amotinaron en la plaza Mayor, que "la desempedraban para hacerse de proyectiles". Destruyeron los puestos del mercado utilizando sus escombros para prender fuego al Palacio y a las Casas del Cabildo, y hubo saqueos y destrozos al por mayor. El arzobispo Aguiar y Seijas llegó en su coche negro, con su gran cruz en el pescante, a tratar de sosegar a los revoltosos pero fue en vano, la gente estaba enardecida y el prelado estuvo a punto de perder la vida. Todo ardía, hasta las Casas del Ayuntamiento, y las llamas amenazaban los numerosos archivos de las Casas del Cabildo. Entonces intervino don Carlos de Sigüenza y Góngora corriendo hacia "aquel lugar siniestro, acompañado de algunos amigos suyos, y con ellos y gente a la que pagó con generosidad consiguió llegar, por medio de escaleras, al piso superior del edificio; rompió las puertas de los balcones y pudo salvar la mayor parte de los libros capitulares, tesoro inapreciable que sin él se hubiese perdido para siempre". Él mismo calculó en tres millones de pesos las pérdidas de esa noche siniestra.

En ese año de tantas dificultades sólo hubo un suceso feliz que celebrar: la victoria española sobre los franceses de la armada de Barlovento, engrosada por el virrey de México con el oportuno envío de 2,600 hombres. Este hecho produjo en la capital intenso regocijo y dio oportunidad a la poetisa mexicana de despedirse de sus preocupaciones por lo que acontecía en el mundo. Sor Juana relató en verso ese hecho histórico en la extensa silva *No cabal relación, indi-*

cio breve, y Sigüenza y Góngora lo incluyó en su *Trofeo de la Justicia Española*, compuesto en honor del virrey. Ésta fue la última obra literaria en que ambos amigos colaboraron, pues poco tiempo después, don Carlos, con el título de 'Geógrafo general del Rey", marcharía a España en un viaje de exploración en un barco de la armada real que recorrería la costa Este del Golfo de México hasta Pensacola.

Sor Juana tendría que enfrentar sola el gran vacío que su ex confesor, Antonio Núñez de Miranda había formado a su alrededor, a raíz de su *Crisis de un Sermón* — rebautizada como *Antagórica*— tan reprobada y censurada por éste y por otros tantos contemporáneos. Por otro lado, el arzobispo Aguiar y Seijas se había erigido en dictador de todas las obras piadosas durante los años de su episcopado (1682-1698). Era un hombre iracundo y de mal carácter (cuentan que una vez al propinar bastonazos, le rompió los anteojos a don Carlos de Sigüenza y Góngora) La misoginia patológica de este arzobispo le llevó a prohibir la entrada a las mujeres al palacio arzobispal, incluso a las cocinas y patios de servicio; (la Historia le acusa directamente de la destrucción de la biblioteca de Sor Juana).

Pero eso sí, cuando se generalizó el hambre en la población, por los sucesos de 1691, el arzobispo buscaba constantemente a Sor Juana para que la monja le procurara ayuda económica. No se sabe a ciencia cierta cómo eran las relaciones entre ambos, siendo el arzobispo —como ya se mencionó— un hombre de carácter extraño, misógino, que no concebía otra manera de vida que la austeramente encasillada dentro de la más estricta y severa disciplina religiosa. Según uno de sus biógrafos, desde el primer momento había visto con malos ojos las aficiones mundanas de Sor Juana, reprobándola públicamente con la intención de reducirla a su verdadero estado. Pero otro, que estudió los recursos económicos de la monja en la última etapa de su vida, llegó a la conclusión de que Sor Juana había logrado reunir una buena cantidad de dinero propio, misma que el arzobispo mermaba para alimentar a los indios.

Según consta en una escritura fechada en 1698, que presentaron las religiosas del Convento de San Jerónimo con motivo de una querella con el arzobispo, cuando Sor Juana ingresó en el Convento (1669) lo hizo sin bienes de fortuna, pero "aunque tuvo que mendigar su dote, parece que llegó a ser, al final de su vida, una de las monjas más acaudaladas del lugar. Tanto era su caudal, que en varias ocasiones suplió de su peculio lo que faltaba para realizar obras que se hacían en San Jerónimo". Recordemos que desempeñó por muchos años el cargo de contadora del Convento y parece que lo hacía con gran éxito —según lo declaró don Diego Francisco Velásquez, Prebendado de la Catedral Metropolitana.

A juzgar por los recibos de los gastos del Convento que obraban en poder de don Diego, Sor Juana compraba los materiales necesarios para la obra "por la inteligencia que tenía en sus precios". Y de igual manera manejaba sus propios negocios. Por el documento antes mencionado, se sabe que la Madre Juana invirtió varias sumas con don Domingo de la Rea, comerciante de plata, a quien envió el 30 de julio de 1692 mil quinientos pesos, sobre los cuales había de recibir créditos del 1.5% cantidad que aumento por quinientos pesos más el 14 de marzo del año siguiente; y en mil seiscientos adicionales el 9 de noviembre de 1693. Estas operaciones las hizo a través de doña María de Cuadros, viuda que vivía en San Jerónimo, quien firmó un finiquito declarando que "el principal y los réditos los había de gozar ella (Sor Juana) los días de su vida, y después su sobrina Sor Isabel María de San José, y muerta ésta, el Convento, gastándose los réditos el día de la Santísima para las necesidades de las monjas". A la muerte de Sor Juana, gracias a esa escritura, las monjas de San Jerónimo pudieron reclamar al arzobispo su derecho de herencia, porque éste ya había recogido todas las pertenencias de la monja, que además poseía y guardaba en el claustro otras cantidades menores de dinero. Finalmente, por orden de la Audiencia, el fallo fue a favor de las religiosas, entregándoseles la cantidad de cinco mil doscientos setenta y un pesos, dos tomines.

Pues bien, el arzobispo Aguiar y Seijas "acudía con harta frecuencia a la bolsa de la madre Juana y disponía libremente, como si fueran suyos, de los bienes de la monja y pedía dinero a cuenta suya". El testimonio del Prebendado de la Catedral se complementa que su declaración de que al haber acordado la madre Juana comprar unos materiales con dinero que le dio, "aprehendió al señor arzobispo que le debía algún resto, y aun que lo desengañé, me pidió cien pesos para sus limosnas". En otra ocasión, según la misma referencia "habiéndose valido de su ilustrísima cierta persona para que me obligase a que le vendiese un esclavo, lo hice por su mandato y su ilustrísima recibió trescientos pesos por su valor, y *quando* ocurrí por ellos *dixo* los aplicaba a las dependencias de la madre Juana y no admitiéndome réplica ni recurso me *embió* después su recibo".

Años difíciles, de hambre, de miseria, y de enfermedad. La gente del pueblo moría de pobreza en plena calle, mientras el desconsuelo y la desesperanza se apoderaba de aquellos que tenían aún medios para resistir. Estos acontecimientos trágicos tuvieron sus repercusiones dentro de los muros del Convento de San Jerónimo y la salud de Sor Juana, minada ya por varias enfermedades, se había agravado por la sucesión de tantos desastres y por las hostilidades que le mostraban los que antes tanto la habían adulado, entre los que se encontraba su ex confesor, el padre Núñez —que por cierto falleció tres meses antes que ella.

En 1693 apareció la segunda edición del segundo tomo de sus obras, y faltaría poco tiempo para que tomara la decisión final de renunciar a todas las cosas terrenas. A partir de 1694 Sor Juana dejó de publicar sus obras aunque siguió escribiendo, como prueban los *Enigmas*, poemas manuscritos que conforman un libro intitulado *La Casa del Placer*, recientemente publicado. Sin embargo, el 5 de marzo de 1694, a los cuarenta y dos años, firmó con su propia sangre su renuncia formal y definitiva a todo lo terrenal o mundano, como una prueba de que estaba dispuesta a sacrificar su vida y su renuncia fue un triunfo de la Iglesia. "Se había suicidado ya cuando dio de limosna hasta su entendimiento" —dijo el obispo Castoreña y Ursúa.

Después de esto Sor Juana hizo penitencia durante varios días; presentó al Tribunal Divino una Petición Causídica; pidió perdón a sus Hermanas de Profesión; reafirmó con su sangre la Declaración de sus Votos y reiteró su Fe en la Inmaculada Concepción. De monja mundana se convirtió en mística.

"Desde entonces abrazó un género de vida austerísimo —dice don Juan José de Eguiara y Eguren—, mortificándose con penitencias y cilicios; entregándose a las meditaciones y contemplaciones, pidiendo la confesión y recibiendo la comunión diariamente y a otros muchos ejercicios espirituales, en los que tenía un gozo extraordinario, y cultivando de tal suerte todas las virtudes, que nada fuera de esto e interesaba, de suerte que evitaba las alabanzas de las gentes y aun las muestras de estimación de sus compañeras, a las que por lo mismo ocultaba sus penitencias y piadosos ejercicios. En verdad, tanto era su celo en mortificar la carne que su confesor, el padre Antonio, decía que Juana no necesitaba espuela sino freno, y que convenía que se contuviera en tales propósitos y moderara sus deseos a este respecto, pues progresaba de tal manera en la vía de la perfección cristiana, que más que correr parecía volar".

Otro de sus biógrafos dice que "tantas disciplinas tan severas no sólo castigaron su cuerpo sino su espíritu". Y con la falta de espíritu se recrudecieron los males del cuerpo y la monja "enfermó de caritativa" al entrar en el convento "una epidemia tan pestilencial —dice el padre Calleja— que de diez religiosas que enfermasen, apenas convalecía una."

Muy pronto la epidemia empezaría a hacer estragos en el Convento de San Jerónimo. Sor Juana desplegaría una extraordinaria actividad empeñándose en atender de día y de noche a cuantas religiosas caían enfermas, exponiéndose continuamente al contagio. Se entregaba a su tarea con ímpetu de mártir y exageraba su celo hasta el extremo de alarmar a superiores y amigos. Cuando se le ordenó aislarse de las enfermas ya era tarde: Sor Juana se había contagiado.

La fama que alcanzó Sor Juana en vida llevó a sus contemporáneos a pronunciar plegarias por su salud. En todas las iglesias se rezaba por su pronto restablecimiento. Infinidad de amigos y admiradores llegaban a las puertas del Convento a informarse sobre su salud y a ofrecer su ayuda. La enferma fue sometida a un riguroso tratamiento que no tuvo los resultados deseados. Sus últimos días produjeron una profunda emoción en cuantos rodeaban su lecho, entre quienes se encontraba su leal amigo don Carlos de Sigüenza y Góngora. Llamó especialmente la atención su extraordinaria lucidez durante su agonía. Y en medio de jaculatorias a Cristo y su bendita Madre María Santísima, pues dice el padre Calleja "que no los apartaba ni de su mano ni de su boca", mostró, más que serena conformidad, "vivas señales de morir". Cuando las campanas anunciaron su fallecimiento el luto fue general. Murió el 17 de abril de 1695 a las cuatro de la madrugada. Había vivido cuarenta y tres años, cinco meses y cinco días, y sólo diecisiete de esos años los pasó "en el mundo".

Las exequias se celebraron en medio de un despliegue de rito y pompa. Asistieron todas las personas notables de la ciudad: los virreyes el conde y la condesa de Galve, el arzobispo Aguiar y Seijas, las religiosas del Convento de Santa Clara, los jesuitas de San Pablo y San Pedro, los dominicos y los franciscanos, las Agustinas, las Carmelitas Descalzas y las Hermanas de la Pobreza, ricos cortesanos y las humildes de Belén.

La escena fue más impresionante que la celebrada hacía 27 años en el mismo lugar, cuando Juana de Asbaje se convirtió en Sor Juana Inés de la Cruz. El sermón lo pronunció don Carlos de Sigüenza y Góngora, su amigo y consejero. Sus restos se sepultaron en el mismo Convento y ahí se conservan hasta la fecha, igual que un retrato, algunos manuscritos, su pequeña colección de tres libros de de devociones y el recuerdo de su presencia.

En la celda de Sor Juana se encontraron desparramadas viejas cuartillas borroneadas. Una de estas composiciones, escrita en verso no tenía título pero se le intituló: *Romance en reconocimiento a las inimitables plumas de la Europa, que hicieron mayores sus obras con sus elogios. Que no se halló acabado.* En vida se le habían tributado muchos honores y ella expresaba su gratitud a través de su obra. El poema está escrito en forma de romance y contiene 275 versos. El poema quedó inconcluso así como pendientes quedan, aún, muchos enigmas de la vida de esta gran poetisa y prosista mexicana, gloria de las letras.

Sepulcro de Sor Juana en el Convento de San Jerónimo. Tras solemnes ceremonias luctuosas, fue sepultada aquí en 1695.

La obra literaria

Dice Emilio Abreu Gómez en su Semblanza de Sor Juana que "su obra responde tanto a la realidad de su vida como a las condiciones de su tiempo... En su obra está presente como en un enigma, la personalidad de su ser, que lucha por realizarse..."

Desde el año 1680 hasta el 1688 sor Juana vivió una época de gran producción literaria, en la que abundan sus admirables sonetos, endechas, glosas, quintillas, décimas, redondillas, ovillejos amorosos, religiosos, filosóficos y satíricos, numerosos romances y otras composiciones (véase Versificación). Esta cualidad la sitúa, según Tomás Navarro, entre los más altos poetas de su periodo, apenas igualada por ninguno anterior. En los villancicos, quizá uno de los aspectos menos estudiados de su obra, despliega su mayor riqueza.

Obras de todo género y tipo, cortesanas y religiosas, se van acumulando en su producción. Comedias de enredo, como *Los empeños de una casa* y *La segunda Celestina*, tal vez escrita con Agustín Salazar y Torres; comedia mitológica, como *Amor es más laberinto*, escrita en colaboración con Juan de Guevara; tres autos sacramentales, *El Divino Narciso*, *El Cetro de José* y *El Mártir del Sacramento* (San Hermenegildo), en los que utilizando la poética de Calderón de la Barca nunca desmerece de su modelo; en las loas que preceden a los dos primeros autos mencionados se reitera la relación de los sacrificios humanos aztecas con la Eucaristía, concediéndole derecho de existencia a la religión de los antiguos mexicanos.

Primero Sueño es un extraordinario poema en forma de silva de 975 versos en el que rivaliza con el Góngora de las Soledades, y del que ella misma dijo: "*No me acuerdo de haber escrito por mi gusto sino un papelillo que llaman El Sueño*". En *Sor Juana Inés de la Cruz o Las trampas de la fe* (1982), Octavio Paz traza las principales diferencias entre los dos poetas: "La poetisa mexicana se propone describir una realidad que, por definición, no es visible. Su tema es la experiencia de un mundo que está más allá de los sentidos". Y José Gaos, filósofo español exiliado en México, advierte: "El poema de Sor Juana es un astro de oscuros fulgores absolutamente señero en el firmamento de su edad".

Gracias a la condesa de Paredes, su mecenas y musa, se publicó en España *Inundación Castálida*; el primer volumen reunía sus doce primeras loas y se publicó en Madrid en 1669, y el Segundo volumen en la ciudad de Sevilla en 1692. De esta obra, cosa insólita, se hicieron veinte reediciones españolas de 1689 a 1725, incluidas las de Fama y obras póstumas (Madrid, 1700).

Hasta 1950 se carecía de una buena edición de su obra.

Por eso, en 1951, Alfonso Méndez Plancarte la ordenó en cuatro tomos, obra que hoy sigue siendo la versión más completa y autorizada de la que se dispone en España; en 1995, la Universidad Nacional Autónoma de México publicó los facsímiles de sus primeras ediciones.

La obra de Sor Juana comprende poesías líricas, dramáticas, alegóricas, sacras, festivas y populares.

De la lírica sorjuanesca hay unas seis decenas de *Romances*, sacros unos y amorosos otros; numerosas *Décimas* y *Sonetos*, con temas muy variados: amor, agradecimiento, historia, mitología y moralidad. De carácter sacro son los *Villancicos* y las *Letras*: los primeros, pequeñas composiciones de tono religioso que se entonaban por Navidad, la Asunción y la Concepción; y las segundas de temas vernáculos que se cantaban en las iglesias como parte de la función coral.

La obra dramática la forman sus *Autos Sacramentales*, *Loas* y *Comedias*. Los *Autos* son tres: *El Divino Narciso*, *El Cetro de José* y el *Mártir del Sacramento*.

Las *Loas* son como treinta, la mayoría escritas en alabanza de personajes de la corte. Sus piezas dramáticas profanas son dos: *Los empeños de una casa*, comedia de capa y espada, y *Amor es más laberinto*, obra culterana.

En prosa escribió: *Neptuno alegórico*, *Explicación del Arco*, *Razón de la fábrica alegórica y aplicación de la fábula*, *Carta Atenagórica* y *Respuesta a Sor Filotea de la Cruz*.

Los poemas de amor profano de Sor Juana, —a juicio de Marcelino Menéndez y Pelayo—, son de los más suaves y delicados que hayan salido de pluma de mujer, entre ellos el *Romance de la ausencia*, las *Liras*, los sonetos *A la Rosa*, *Detente sombra*, *A la muerte del Duque de Veragua* y sus populares *Rondillas*.

Sor Juana dominó el latín y dejaron huella en su formación dos pilares de la cultura clásica: la filosofía aristotélica y la mitología. Hay en su obra numerosas alusiones al paisaje, la gastronomía y los indios mexicanos; y aun compuso breves alabanzas en lengua náhuatl.

TÍTULOS DE ESTA COLECCIÓN